DE L'VNION DE L'EGLISE

auec l'Estat.

OVVRAGE COMPOSE'
en Latin contre le Liure d'Optatus
Gallus, par Monsieur Habert Chanoine Theologal de l'Eglise de Paris, Docteur de Sorbonne, & Predicateur ordinaire du Roy.

Mis en François par *LOVIS GIRY.*

A PARIS,

Chez PIERRE BLAISE, ruë S. Iacques,
à l'Image S. Thomas.

M. DC. XLI.

Auec Priuilege du Roy.

Extraict du Priuilege du Roy.

PAR grace & Priuilege du Roy
donné à Paris le 27. iour d'O-
ctobre 1640. signé & sellée du grád
seau en cire jaune. Il est permis à Pierre Blaise Bibliotequaire de Monsei-
gneur le Chancelier, d'imprimer ou
faire imprimer vn Liure intitulé *de*
l'Vnion de l'Eglise auec l'Estat : Ouurage composé en Latin contre le Liure
d'Optatus Gallus, par Monsieur Habert Chanoine Theologal de l'Eglise de Paris Docteur de Sorbonne, &
Predicateur ordinaire du Roy : Et
mis en François par Monsieur Giry,
& ce, pendant le temps & espace de
dix ans, à compter du iour que ledit Liure sera acheué d'imprimer,
auec deffenses à tous Libraires, Im-

primeurs & autres de quelque qualité qu'ils soient du Royaume de
France, de l'imprimer sur peine aux
contreuenants de trois mil liures
d'amande, confiscation des exemplaires qui se trouueront auoir esté
faits pendant ledit temps : & outre
sa Majesté veut qu'en mettant au
commencement ou à la fin dudit
Liure le present extraict, il soit tenu
pour deuëment signifié.

LIVRE I.

DV DESSEIN DV
Liure d'Optatus.

'OBLIGATION particuliere que i'ay à l'Estat, dans l'vnion tres-estroite où se trouuent ses interests auec ceux de l'Eglise, m'a fait resoudre d'entrer le premier en lice, pour combatre à découuert vn Escriuain, qui viole des droicts si saincts & si venerables, auant qu'il soit abbatu par tant d'excellens Esprits, dont les trauaux illustres menacent d'vne

A

deffaite infaillible la temerité de
son entreprise. I'eusse à la verité sou-
haitté d'auoir vn aduersaire conneu,
& de n'estre pas opposé à vn ennemy, qui dissimulant son vray nom,
laisse en doute si par celuy d'Optatus qu'il s'attribuë faulsement, il
cherche les tenebres ou la lumiere;
ou bien si se disant François, &
escriuant comme il escrit, il déguise
son origine, ou renonce à sa patrie.
Mais quelque dessein qu'il ait, nous
ne pouuons reconnoistre pour
François celuy qui se masque d'vn
visage trompeur, qui parle d'vne
façon barbare, qui a les sentimens
estrangers, & qui découure vn cœur
ennemy; & nous ne pouuons nous
persuader qu'Optatus soit le nom
de celuy, qui attaquant vn faux
Schisme, pour en former vn veritable, est deuenu Schismatique luy-

meſme, & ſe monſtre vn autre Par-
menian. Que ſi toutefois il peut ſe
rendre en quelque ſorte ſemblable
à quelqu'vn des anciens dont il em-
prunte le nom ; ce n'eſt pas à ce
grand Eueſque d'Afrique, à ce rare
Exemplaire de doctrine & de pieté;
mais à cét autre Optatus, que ſainct
Auguſtin appelle, *le chef d'vn Schiſme* S. Aug. l. 2 contre Par-menian. & autres lieux.
déplorable, qui a couuert le Chriſtianiſ-
me d'effroyables tenebres, le miniſtre des
fureurs de Gildon, la cauſe malheureuſe
des larmes que l'Afrique a reſpanduës
pendant le cours de dix années: Et enfin,
le Baſilic des Schiſmatiques, parce qu'e-
xerçant ſur eux la meſme puiſſance que
l'on dit que le Baſilic exerce ſur les ſer-
pens, d'vn regard auſſi abſolu que celuy
des Roys, il a releué les courages de ces
eſprits de diuiſion, dont les efforts perni-
cieux auoient eſté abbatus par l'authori-
té de l'Egliſe. C'eſt de cét Optatus

que noſtre aduerſaire , quel qu'il
ſoit , qui ne doit paſſer que pour vn
mauuais François , ſi la France eſt
ſon païs, peut prendre le nom & em-
prunter la nobleſſe , comme vn enfant débauché qu'vn pere iuſtement offenſé a priué de ſes biens, &
chaſſé de ſa maiſon.   Il n'y a certes
point d'homme de bon ſens qui luy
enuie vne adoption ſi auantageuſe.
Hé ! pleuſt à Dieu qu'il euſt penſé
de bonne heure à chercher fortune
dans quelque contrée éloignée de
nous , & que ce Liure deteſtable
dont il a verſé le poiſon dans noſtre
ſein , euſt eſté produit dans ces terres barbares , qui ne ſont fertiles
qu'en venins & en monſtres , où vn
ouurage ſi meſchant merite d'e-
ſtre eternellement confiné.   Ie ne
fais pas ces ſouhaits par vn eſprit de
haine , & ie n'ay deſſein ny de perſe-

cuter ce temeraire, ny de m'infor-
mer curieusement de sa personne,
encores que les plus subtils décou-
urent aisément les traces de la Panthere: Il me suffit pour m'obliger à
quelque sorte de combat, d'auoir
deuant les yeux vn fantosme, qui ne
peut cacher son vray visage, sans
auoüer sa faute, & sans se declarer
criminel. Que si ie pouuois entrer dans les lieux où ce dangereux Escriuain s'est enfermé, pour
se dérober à la veuë des hommes,
quand nous ne serions liez ensemble par aucun nœud d'amitié, & que nous ne serions vnis
que par les deuoirs communs de
la Charité Chrestienne, ie ne
laisserois pas de l'aborder, par vn
mouuement si sainct & si iuste; de
le prier, de l'exhorter de rentrer en
luy-mesme; de luy persuader par

mes larmes, autant que par mes paroles, que c'est vne chose qui n'a
point de peril, & qui a beaucoup de
gloire, de prendre vn autre esprit,
plustost qu'vn autre nom, & de demander pardon de sa faute apres
qu'on l'a effacée par vn heureux
changement. Et certes ie ne desef-
pererois pas de le porter à vne si belle
resolution, si les remors de la conscience estoient capables de le dé-
tourner de ses pensées criminelles ; si
vne iuste apprehension pouuoit luy
faire apperceuoir à quels malheurs il
s'expose ; & si la raison auoit assez de
force sur luy pour l'obliger de re-
noncer à ses projets. Mais comment
pourrois-je rendre vn si bon office à
vn homme qui se cache, & qui ne
veut pas estre conneu ? Nostre aduersaire est en tel estat, que comme
il ne peut estre touché de nos injures,

il ne peut auſſi receuoir du ſecours
de noſtre bienueillance, & que la re-
prehenſion n'a pas la puiſſance d'é-
mouuoir ſon ame, qui ne trouue
plus de ſeureté que dans ſon crime.
Au lieu où il eſt, il luy eſt plus aiſé de
feindre qu'il n'entend pas mes re-
monſtrances, que d'éuiter le iugement de Dieu. Cependant ce
Liure infame répand ſes impo-
ſtures parmy le peuple, c'eſt vn
feu qui s'attachant à l'Eſtat, comme à vne grande & precieuſe
moiſſon, fait vn degaſt plus fu-
neſte & plus dangereux, que s'il
ne touchoit qu'aux particuliers. Ie
ſçay bien que la ſeuerité des loix eſt
ſuffiſante pour punir, ou pour épouuanter les mauuais ſujets, qu'elle
retient pour vn temps les autres dans
le deuoir; mais quand il eſt queſtion
d'oſter le credit aux libelles diffama-

toires, ce n'eſt pas aſſez d'employer
l'authorité publique, il faut auſſi ſe
ſeruir du diſcours, dont les forces inuincibles font obtenir d'illuſtres &
d'eternelles victoires; parce que les
paroles n'inſtruiſent pas ſeulement
noſtre ſiecle, mais auſſi les ſiecles
à venir. C'eſt pourquoy les grands
Politiques ont touſiours eſtimé,
que l'on doit mettre en vſage, non
ſeulement les armes, mais auſſi la
langue & la plume, pour combatre
les ennemis de l'Egliſe & de l'Eſtat,
qui ſe ſont efforcez par leurs diſcours, ou par leurs eſcrits, de ietter
des ſemences de troubles dans l'eſprit des peuples. Certes ſi la charge
de reſpondre à Optatus euſt eſté
donnée à quelqu'vn de ceux qui
ont conjoint en vn ſouuerain degré
la doctrine à l'eloquence, le ſuccez
en euſt ſans doute eſté plus glorieux;

mais puis qu'on m'a deſtiné pour
commencer le combat, ie prends
les armes en main, ſans hazarder
ma modeſtie, parce que i'obeïs; &
ſans reſiſter, parce que ie ne veux
pas preferer mon repos au ſeruice du
public. Ie me trouuerois, peut-eſtre,
eſtonné, ſi Optatus entroit dans la
carriere en homme d'honneur, & le
viſage découuert; ie ſerois poſſible
agité de contraires mouuemens, ie
craindrois & de luy diſputer, & de
luy abandonner la victoire. En effet
il vaut mieux que ie ne connoiſſe
pas mon ennemy, afin que ie traitte
mon argument auec toutes mes
forces, & que ſi ie m'emporte dans
la chaleur de la controuerſe, l'on ne
s'imagine pas que l'aigreur de mes
paroles offence vn Autheur qui ne
ſe découure point, & qui en cet
eſtat ne peut receuoir aucune inju-

re ; mais qu'elle foit prife pour l'effet
d'vn iufte reffentiment contre fon
ouurage.

Ie veux donc commencer le trauail que i'entreprends par vn iugement du corps entier de ce Liure,
que i'ay examiné auec beaucoup de
foin. Si nous confiderons l'art de
l'Oraifon , il me femble qu'il n'a
aucune des formes qui peuuent entrer dans vn difcours, parce qu'il les
a toutes ; fi nous-nous arreftons à
l'adreffe dont les chofes y font dé-
guifées , i'y découure tout ce que
l'artifice a de plus exquis ; fi nous re-
gardons la doctrine, ie n'y trouue
rien que de commun ; fi nous pene-
trons iufques à la caufe qui a produit cet ouurage, ie croy que c'eft la
haine d'vn particulier , qui agit de
toute fa puiffance pour faire iniure à
l'Eftat ; fi nous iettons les yeux fur le

but & le dessein du Liure, plustost
que sur le but & le dessein de l'Autheur, dont il n'y a que Dieu qui
connoisse les pensées, il tire droit
au Schisme; & tant s'en faut qu'il
doiue passer pour vn Heraut agreable qui apporte la paix, titre qu'il se
donne vainement luy-mesme, qu'on
peut dire de luy, qu'il est *le Port'enseigne de la sedition* , comme sainct
Cyprien disoit d'vn Felicissimus,
dont le nom qui ne promettoit que
bon-heur, estoit toutesfois vn presage de mauuais augure, de mesme
que le nom de nostre aduersaire.
Et certes c'est la marque d'vne malice desesperée, d'accuser les autres
du crime dont on est coupable, pour
les rendre odieux, & de les pousser
dans le precipice en feignant de leur
tenir la main, & de vouloir ayder à
leur salut.

*S. Cyprian,
Epist. 39.
& 40.*

Il falloit qu'Optatus se remist en
la memoire les beaux & sages aduis,
que S. Basile appellé par les Conciles le Docteur Oecumenique, donne à S. Athanase, lors qu'il luy parle
des Legats qui deuoient aller de
Rome en Orient, pour y procurer la
paix de l'Eglise : *Vous prendrez gar-*
de, luy dit-il, *que quand ceux que l'on*
doit enuoyer seront par la grace de Dieu
heureusement arriuez, ils ne fassent point
de Schismes parmy les fideles, qu'au con-
traire ils employent toutes les forces de
leur esprit pour exciter à l'vnion tous ceux
qui ont vne mesme foy, encores qu'ils trou-
uent quelques personnes qui ne manquent
pas de pretextes pour appuyer leurs dis-
sentions, afin que le peuple Orthodoxe
voulant s'vnir estroittement auec ses Pre-
lats, ne se diuise pas en diuers partis : il
faut faire en sorte que la paix soit prefe-
rée à toutes choses.

S. Basile,
Epist. à S.
Athanase.

Combien sont differens les conseils qu'Optatus a suiuis de ceux de
ce grand Docteur? Les discours dont
il a remply son liure, ne sont-ce
pas autant de trompettes de discorde, autant de menaces effroyables,
non seulement de ce tumulte Gau-
lois, dont les Romains faisoient la
matiere de leurs craintes, & le sujet
d'vn de leurs plus fameux Prouerbes; mais aussi du trouble de l'Eglise, de la ruyne de ce Royaume, de
l'embrasement, & de la derniere desolation de tout le monde ? Cét
homme aueuglé par sa passion, appelle toute la terre à ce spectacle funeste; il s'escrie comme vn furieux,
soit qu'il souffre vn si estrange trans-
port, ou qu'il feigne seulement d'en
estre agité; que l'ennemy est desia à
nos portes, qu'il fait sentir par tout
sa violence & ses rauages; que le fer

Optat. pag.
20. & sui-
uante, &
pag. 39.

& la flamme iettent l'épouuanté &
l'horreur de toutes parts ; que c'est
fait de nostre liberté, de nos biens,
& de nos vies ; qu'il faut perir dans
vne si extreme calamité. Il s'imagine ou qu'il reuoit le regne de Constance, & de Iulian, ou qu'il est au
siecle de l'Ante-Christ, lors qu'il
represente vne Babylone, qui boit
à longs traits le sang des Martyrs;
qu'il nous met deuant les yeux la face de l'Eglise sanglante & deschi-
rée; & enfin qu'il parle des Euesques
comme de malheureux gladiateurs,
reduits aux aboys , & deuoüez à la
mort. Ce sont des resueries profondes d'vn esprit melancholique &
insensé, qui si i'en estois creu, ne re-
ceuroient point d'autre response
que le reproche de la folie qui les a
produites.

Toutesfois de peur que cette ma-

*S. Paul en
la 1. aux
Corynth. 4*

ladie ne se communique, & ne fasse
vn dangereux progrez, comme autrefois cette fureur fameuse des
Abderites, ie pense que Messieurs
les Prelats, à l'exemple de la sage
censure de l'Eglise Metropolitaine
de Paris, vseront des remedes qu'ils
ont accoustumé de pratiquer en ces
occasions; & ie me promets aussi,
que lorsque ce Liure aura volé iusques à Rome, nostre S. Pere Vrbain,
qui ne merite pas moins la gloire
qui l'enuironne, par sa pieté & par
sa doctrine, que par la dignité de
son Siege, & par les trois couronnes
qui composent sa Tyare, fera la mesme exhortation aux Prelats de ce
Royaume, qu'autrefois le Pape Vigilius fist à l'Euesque d'Orleans, &
aux autres Euesques François: *Que*
tous les Euesques sçachent, leur disoit-il,
qu'ils ne se doiuent ancunement troubler

Le Pape Vi-
gilius, en
l'Epistre à
l'Euesque
d'Orleans,
& autres.

à la lecture des Liures pleins de faulsetez,
& d'erreurs ; que les mensonges, les mauuais rapports, & enfin toutes les suppositions qu'inuente la calomnie, ne les doiuent point émouuoir, & qu'ils sont obligez de faire ce que dit le grand Apostre,
le fameux Docteur des Gentils. *Ie vous*
prie, mes freres, de remarquer ceux qui
veulent vous diuiser, & qui sement par-
my vous des opinions nouuelles, contraires
à la doctrine que vous auez receuë, &
n'ayez aucun commerce auec eux. Ie
puis adjouster à cette belle exhortation, pour rendre le témoignage
que ie dois à la verité, ce que l'Apostre adjouste : *La reputation de vostre*
obeyssance & de vostre fidelité est répan-
duë par tout le monde.

Mais puis qu'en la controuerse
que i'ay à traitter, il faut comparer
ensemble, & distinguer exactement
les droicts des deux Puissances que
Dieu

S. Paul aux
Romains.
cap. 16.

Dieu a ordonnées dans le monde,
auant toutes chofes ie le fupplie
auec toute la veneration que ie puis,
de me conferuer les lumieres que
i'ay receuës de fes diuins Oracles,
& de l'interpretation de fon Eglife,
ainfi que ie les ay iufques à prefent
conferuées, pour faire icy vne pro-
feffion publique de ma creance.
Ie dis donc que ie reconnois le Pape pour Souuerain en toutes les chofes qui concernent la Hierarchie,
& le Roy auffi pour Souuerain au
gouuernement de l'Eftat ; que ce
font deux Puiffances que Dieu a
feparées par les bornes qu'il y a luy-
mefme eftablies; toutes deux fupré-
mes, abfoluës, & independantes.
C'eft la doctrine que i'ay apprife,
que ie croy, & que ie reuere. Il ne
faut pas que les ennemis de ces deux
Puiffances attendent rien de moy,

qui ne soit directement contraire à
leurs sentimens. Mais afin de m'appuyer contr'eux d'vne asseurée protection, & de donner du credit à
mon discours, ie me sers de la declaration faite par vn Concile celebre tenu à Paris, & tirée des propres paroles des Papes : *Nous sçauons par le tesmoignage des saincts Peres*, dit le Concile, *que le corps de la saincte Eglise est principalement diuisé en deux personnes, celle des Prestres, & celle des Roys*, dont *Gelase venerable Euesque du sainct Siege de Rome escrit en ces termes, à l'Empereur Anastase. Il y a deux Puissances principales qui gouuernent le monde, l'authorité sacrée des Pontifes, & la grandeur Royale; mais l'ordre des Prestres a vne charge d'autant plus pesante, que Dieu au iour de son iugement leur demandera compte de la conduitte des Roys qu'il a establis sur*

les hommes. Fulgentius adjouste, *Quant à cette vie mortelle, nous ne re-* *connoissons point de dignité dans l'Eglise* *au dessus de celle du Pape, ny de Maje-* *sté dans le monde plus haute que celle de* *l'Empereur.*

C'est par ces maximes seulement que l'on peut conjoindre d'vne alliance saincte & eternelle la Hierarchie de l'Eglise, & la Monarchie temporelle des Princes de la terre: Heureuse alliance, qu'Optatus s'efforce vainement de rompre par des discours, autant ridicules que longs & ennuyeux. Ils se peuuent reduire en cinq chefs. Car premierement cét Escriuain fait vne fausse prophetie de la prochaine naissance du Schisme dans ce Royaume ; apres cela il estale sa resuerie de la conse-cration d'vn Patriarche ; En troisié-me lieu il vomit ses inuectiues

Fulgent. liure de la verité de la Predest. & de la Grace.

B ij

contre les deux Tomes des Libertez de l'Eglise Gallicane, comme contre des sources impures d'erreurs : Il declame en suitte contre les secours dont le Clergé assiste l'Estat, qu'il nomme injurieusement les exactions des Roys sur l'Eglise ; enfin il tasche de persuader que la nouuelle ordonnance touchant les peines des Mariages, qui n'ont pas esté legitimement contractez , doit estre reuoquée. Ie me prepare de destruire ces plaintes pleines de mensonges & d'impostures, par autant de discours remplis de candeur & de verité.

DV LIVRE D'OPTATVS.

Page 9.

IL court vn bruit parmy nous, qui se répand de toutes parts, qui dans son progrez acquiert tous les iours de nouuelles forces, & qui porte le presage d'vn malheur effroyable, & d'vne horrible desolation de l'Eglise Gallicane; c'est que tout s'y prepare au Schisme, & que l'ancienne affection des François enuers le Siege Apostolique, qui n'a point esté ébranlée pendant les plus grandes confusions, est sur le poinct de s'esteindre; que tout resonne de la creation d'vn Patriarche, c'est à dire de l'establissement d'vn larron, ou d'vn Phantosme de la dignité Pontificale dans le Royaume de France; que l'enne-

my du genre humain, qui comme vn
Lyon rugissant tourne les yeux de tous
costez, pour découurir s'il ne trouuerra
point dequoy assouuir la faim enragée
qu'il a de deuorer les fideles, employe tous
ses artifices pour tenter ceux de vostre
ordre, & pour les faire consentir à ce
Schisme malheureux & mortel. Que si
vous n'opposez promptement vostre sagesse au mal qui vous menace, le bruit
est tout commun, que l'Eglise Gallicane,
qui apres l'Eglise Romaine la souueraine
arbitre de la Foy, est la lumiere & l'appuy des Eglises, deuiendra toute semblable à l'Eglise Anglicane, où le Schisme
pere de l'heresie, n'a laissé aucun monu-
ment public de la Religion Catholique;
que vostre dignité saincte & sacrée, ou
ne sera plus, ou sera corrompuë; que vos
Eueschez seront des brigandages, & que
les illustres Prelats de l'Eglise Catholique,
seront changez en des esclaues infames

d'vn Schifme politique. Mais d'où peut
venir vne fi horrible calamité? &c.

Page 11.

MAis il n'eft pas fi important de
reconnoiftre d'où cette pefte, d'où
cette defolation tirera fon origine, que
d'aller au deuant auec vn efprit Apoftolique; de la combattre auec de fainctes
armes, auec vn courage qui s'expofe au
martyre fans temerité, auec vn zele
plein d'ardeur pour l'Efpoufe de Iefus-
Chrift, que vous auez promis de conferuer à voftre Maiftre chafte & fans
macule; Zele qui fuiuant la regle de l'Ef-
criture, ne refpire que de fouffrir la mort
genereufement, & de fouffrir vne mort
cruelle & fanglante. Il faut que vous
preniez cette refolution, fi vous ne voulez
manquer à voftre charge; abandonner les
foings les plus facrez de voftre miniftere,

violer la foy que vous auez donnée à
Iesus-Christ, chose horrible seulement à
penser; contrister cét Esprit sainct, qui
vous a si liberalement communiqué ses
tresors dans la ceremonie de vostre con-
secration; oüyr les voix des Anges, que
Dieu a establis à la garde de son Eglise,
qui crieront sur vous ce mot du Prophete,
Chiens muets, qui ne peuuent ab-
boyer. Vous sçauez auec combien d'artifices on a ietté depuis deux ou trois ans
les semences d'vne rebellion criminelle
contre le Siege Apostolique; par quels
moyens on a tenté vos esprits, ou éprouué
vostre constance; par quels pretextes on
vous a sollicitez de vous rendre fauorables aux desseins des meschans; quels res-
sorts on a fait agir pour abuser de vostre
nom, pour faire seruir les plaintes du Clergé de France de fondement à vne reuolte,
& pour faire passer auprés des Catholiques
vne desobeyssance criminelle pour vn zele

religieux, vne impieté detestable, pour
vne pieté pure & sincere. Vous connoissez, pour parler auec sainct Paul,
Satan & ses pensées, mais ses pensées
hautes & profondes ; vous connoissez ses
desseins couuers, que les ames simples &
vulgaires ne peuuent penetrer ; mais, pour
vser des paroles de S. Jean, seruez-vous
de la lumiere que Dieu vous a donnée, pour
mettre au iour les tromperies de Satan ;
vous ne pouuez trouuer d'excuses qui
vous déchargent deuant l'effroyable tribunal de Iesus-Christ, si ayans recogneu les
embusches qu'on dresse contre l'Eglise, la
crainte vous fait chercher des destours pour
vous mettre à couuert, l'esperance vous
porte à vne malheureuse dissimulation ; la
sagesse de la terre vous ferme la bouche,
& ce qui est le pis de tout, si l'impieté vous
conseille de donner vostre consentement à
vn Schisme si detestable, & vous persuade de l'appuyer de vostre authorité.

Mais que dis-je, quand ie parle d'embuf-
ches ? ie deuois parler bien pluftoft d'vne
trompette qui fonne l'alarme contre la
Chaire de S. Pierre, & qui répand par
tout les dangereux poifons d'vne doctrine
mefchante & corrompuë. Pourquoy
donc demeurez-vous oififs tout le iour, s'il
m'eft permis de parler ainfi auec l'Euangile, que ne vous éueillez-vous lors que
vous auez l'ennemy fur les bras : vous,
dis-je, que Dieu a mis en fentinelle pour
garder la maifon d'Ifraël ; qu'il a eftablis
pour veiller fur les murailles de Ierufa-
falem, &c. Il faut que fuiuant le con-
feil de l'Apoftre, vous foyez toufiours
armez, & que vous paroifiez refolus,
& Armants voftre cœur d'vne forte generofité, &c. Il en dit dauantage au Liure fuiuant, principalement fur la
fin, où il prepare les Euefques au
martyre dont ils font menacez.
Quoy, dit-il, s'il s'efleue bien-toft de ce

lieu-là vne furieuse persecution contre vostrè vie ; quoy si l'autheur du Schisme, quel qu'il soit, tourne ses armes enuenimées contre vous ; s'il attaque vos biens & vostre honneur; s'il en veut à vos ames consacrées à Dieu; s'il vous menace d'exils, de degradations, d'empoisonnemens, de prisons, de morts sanglantes, de gibets & de roües; s'il employe le nom de la Iustice pour vous perdre, vous serez bien-heureux si vous endurez quelque chose pour la verité; vous serez extrémement heureux si la generosité du martyre perfectionne le merite de l'Episcopat: le sang que vous répandrez pour le troupeau de Iesus-Christ, vous rendra dignes d'vne couronne immortelle. Vous estes nés en vn siecle où il est bien necessaire que les Euesques donnent d'illustres exemples de constance & de generosité. Ce sont les souhaits que fait pour vous, Messieurs

les Illustriſſimes & Reuerendiſſimes Prelats, voſtre fils tres-humble & tres-obeyſ-
ſant Optatus Gallus. A Lyon le premier
Ianuier 16 4 0.

LIVRE II.

DE LA FAVSSE
prophetie du Schisme.

EVX qui veulent ietter l'Eſtat dans quelque grand malheur, ont accouſtumé d'engager dans le ſoupçon de leur crime des perſonnes qui en ſont fort innocentes ; & quand ils ont preparé toutes choſes pour faire éclatter les flammes de leur conjuration, en attendant que l'occaſion s'en preſente, ils ſement de mauuais bruits, pour découurir

quels sentimens les peuples auront
de leur attentat, & pour corrompre, s'ils peuuent, les esprits des gens
de bien; & par vne extreme malice,
ils predisent des calamitez dont ils
doiuent estre les autheurs & les causes funestes.   Ils imitent par ce
malheureux artifice les Demons,
qui ne sçachans rien de l'auenir,
n'en font iamais de predictions que
pour annoncer les prodiges & les
maux qu'ils preparent eux-mesmes,
pour épouuanter & pour desesperer
les hommes. Ie ne connois point
le visage d'Optatus Gallus, & ie
ne veux pas faire iugement de son
esprit; mais pour parler veritablement du dessein de son Liure, quand
il s'efforce de faire porter aux autres
la haine d'vn Schisme si detestable,
& qu'il en prophetise si temerairement la naissance malheureuse, ie

penſe qu'il ne deuine que ce qu'il
deſire , & qu'il forme luy-meſme
le Schiſme qu'il annonce.   Que ſi
pour agir à la mode de mon aduerſaire , ie voulois parler d'vn air tra-
gique, & digne des Theatres, comme il ne fait que trop ſouuent ; ie
luy dirois, Certes, Optatus, ie ſou-
haitterois d'auoir remarqué quel
tranſport paroiſſoit ſur voſtre viſage; quel eſtoit le trouble de voſtre ame ; de quelle ardeur vous
eſtiez agité , lors que ſemblable à
vn furieux Preſtre de Cybele , pluſtoſt qu'à ce que vous voulez paroiſtre , voſtre eſprit enfantoit ces
prodiges. En effect il faut que ce
ſoit vne violence extréme, & vne
agitation épouuantable , qui fait
que ſans rien apperceuoir de tant
d'eſtranges choſes que vous vous
figurez, il vous ſemble neantmoins

qu'elles sont presentes à vos yeux, qu'elles entrent dans vos oreilles, & qu'elles frappent tous vos sens. Vous faites tout seul chez vous vne tragedie entiere; vous y representez toute sorte de personnages, & vous n'auez en la bouche que *trahisons, empoisonnemens, courses, pillages, armes, batteries, gibets, tortures, montagnes de cadaures, & fleuues de sang.* Ie croyois d'abord à voir vos discours, que le Ciel eust rendu la vie à cette furieuse Athalia, qui ayant vsurpé la tyrannie, & fait mourir presque toute la maison Royale, voyant sur les degrez du Temple le Roy Ioas, que le Pontife Ioiada & ses enfans auoient sacré; les Seigneurs de sa Cour en foule autour de sa personne; tout le peuple se resioüissant parmy le son des trompettes, la melodie de diuers instrumens agreables, & les voix d'allegresse,

*Liure 2.me d-
Paralipom.
chap. 23.*

d'allegreſſe, qui crioyent Viue le
Roy, rompiſt ſa robbe, & ſe plai-
gniſt hautement qu'on luy dreſſoit
des embuſches. N'eſt-ce pas là l'i-
mage de la France, & cette hiſtoire
ne nous repreſente-elle pas l'eſtat de
ce Royaume, où les Prelats, les
Princes, les Grands, & les peuples
d'vn meſme eſprit rendent au Roy
vne obeyſſance parfaite; ſeruent ſa
Majeſté auec vne fidelité inuiolable; & honorent à l'enuy Louïs le
Iuſte, comme des ſubjets doiuent
honorer vn Prince excellent, & qui
a toutes les vertus des Roys. Optatus ſeul de tous les hommes ne voit
point cette heureuſe intelligence,
ou pluſtoſt il ne la ſouhaitte pas, &
la regarde auec des yeux de ialouſie.
Il nous menace de malheurs, parce
qu'il ſe les imagine; la colere qui
luy offuſque l'eſprit, luy fait apper-

ceuoir de fauſſes coniurations; & la
hainé dont il eſt troublé, luy per-
ſuade que les foudres des ſeditions
ſont preſtes d'eclatter ſur nos teſtes:
Mais qui que vous ſoyez, Autheur
malheureux de diſſention & de
Schiſme, ie vous oppoſe voſtre propre ſtupidité, & ie m'en ſers comme
d'vn argument inuincible pour
defendre ma patrie: En effet, voſtre
ſtupidité n'eſt elle pas eſtrange?
vous confeſſez vous-meſme que
vous ignorez les cauſes des deſola-
tions que vous aſſeurez ſi inſolem-
ment eſtre ſur le poinct de nous
accabler: *Ie ne puis reconnoiſtre*, dites-
vous, *de quelle ſource découle cette horrible calamité qui menace noſtre France.*
Ainſi vous auoüez pour voſtre patrie la France, dont toutesfois vous
vous monſtrez ennemy. *Ie ne puis
deuiner*, adjouſtez-vous, *d'où viennent*

Opta. page
10. & 11.

les tempeſtes que la fureur des Demons
excite contre nous ; de quels nuages, de
quelles vapeurs, & de quelles exhalaiſons
ils compoſent les foudres, qui doiuent bri-
ſer bien-toſt l'vnité de l'Egliſe, frapper
les Paſteurs, & tuer les oüailles errantes
& ſans conduitte. Vous prononcez
pourtant auec aſſeurance, que ces
choſes arriueront dans peu de
temps ; vous-vous écriez qu'elles
ſont toutes proches, & que vous
voyez deſia *l'ennemy qui nous tombe* Pag. 12.
ſur les bras. Ie dirois, ſi vous-vous
taiſiez, que vous auez eſté non ſeulement épouuanté, mais auſſi frappé
de ce foudre, que vous faites deſ-
cendre du Ciel lors que l'air eſt le
plus ſerain, & qu'il y a le moins
d'apparence qu'il ſe trouble, & qu'il
donne des orages ; mais puiſque
vous parlez, & que vous-vous em-
portez à des diſcours ſi déraiſonna-

C ij

bles, ie vous laisse dans voftre fureur; déclamez tant qu'il vous plaira auec ces malades inueterez, qui
dans la plus grande ardeur de leur
fievre, lors que tout l'vniuers est ferme fur fes fondemens, ne laissent
pas de crier que la terre s'esbranle,
que le Soleil tombe du Ciel, que
tout le monde est en feu, & non
contens de croire ces folies, se fas-
chent contre ceux qui ne les croyent
pas comme eux.

Mais laissans ces ieux d'esprit,
pour combatre serieusement, nous
ne faisons pas des predictions comme Optatus, parce que c'est vn crime, que de se mesler d'annoncer des
Liure 1. de calamitez à l'Estat; & nous ne rece-
Samuel, uons pas pour choses certaines, cel-
chap. 15. les qui ne font pas seulement vray-
semblables; mais nous voulons faire
connoistre à tout le monde, par des

raiſons claires & inuincibles, que la
France, que nous nommons noſtre
France, à plus iuſte titre qu'Optatus, eſt exempte de Schiſme, &
qu'elle n'en peut pas meſme eſtre
ſoupçonnée.

Certainement nous croyons d'v-
nefoy plus pure, nous defendons
auec plus de force l'vnité de l'Egliſe,
qu'Optatus ne l'a expliquée dans
cette diſſertation embaraſſée, que
cét homme qui fait paroiſtre par
tout de l'agitation, & de la fureur;
ſemble auoir produite auec violence, & tirée du profond de ſon eſto-
mac, comme s'il euſt eſté remply de
l'eſprit de quelque diuinité, & s'il
euſt prononcé des oracles.

Mais il a monſtré qu'il n'eſt pas
fort bon Theologien, quand par
vne doctrine nouuelle il a auancé,
qu'il y a *triple vnité en Dieu, à ſçauoir,*

vnité d'essence, de science, & de charité.
Escoutons la voix de la Sagesse, qui
nous fait vne autre leçon dans l'Es-
cole de Sorbonne: *Il y a*, dit-elle, *en
Dieu entre les trois Personnes, vnité d'Essence, vnité de Science, vnité d' Amour &
de Charité.* Ce n'est pas encores assez,
Optatus, ne dissimulez rien, ne dé-
robez rien à la doctrine du Ciel ; il y
a en Dieu vnité de Puissance, de Verité, de Iustice, de Bonté, & enfin
vnité de toutes les qualitez que l'on
nomme les attributs absolus de
Dieu. Cette vnité qui est si souuent
en la pensée, & en la bouche des
Theologiens, n'est iamais nommée
comme vous la nommez, triple
vnité ; mais toufiours vne simple
vnité : il n'y a rien que de simple en
Dieu, non pas mesme entre les sub-
sistences distinctes & opposées ; c'est
ce qu'enseignent les Conciles, ce

*Concil. xj.
de Tolede.
S. Denys,
des Noms
diuins.
S. August.*

que les Peres de l'Eglise ont confir-
mé, & ce que les Docteurs annon-
cent. Mais il ne faut que les Esco-
liers qui entrent sur les bancs de
la Faculté de Theologie, pour vous
instruire de ces veritez ; ils se moc-
queront de vostre erreur, & vous ne
pourez vous deffendre auprés d'eux,
qu'en auoüant que vous n'auez pas
accoustumé d'escrire proprement, &
que vous vsez de termes vicieux &
de mauuaises figures, pour énoncer
vos sentimens.

Voyons maintenant ce que
vous voulez inferer de l'establissement de cette triple vnité, où vous
errez, & au nombre, & en la diuision:
L'Eglise, dites-vous, ayant esté for-
mée sur l'exemplaire de son Autheur,
elle a aussi triple vnité, vnité de corps,
vnité de foy, vnité d'esprit. Cette có-
clusion est belle, mais elle n'est pas,

C iiij

*liu. 6. de la
Trinité.*
*S. Bernard,
liu. 5. de la
consideration.*
*S. Thomas
1. part. q.
30. art. 1.*

entiere; vous l'auez tirée de S. Paul,
de ce grand Apoſtre, dont le ſein,
comme les anciens Peres diſoient,
eſtoit vn Temple où Dieu pronon-
çoit luy-meſme ſes veritez eternelles; pourquoy auez vous laiſſé plus
de la moitié de la belle doctrine
qu'il enſeigne, au lieu où il dit, *Vn
corps & vn eſprit?* D'où vient que
mettant contre l'ordre du Texte, *vne
foy,* entre vn corps & vn eſprit, vous
n'adjouſtez pas ce que le meſme
Sainct adjouſte, vnité d'Eſperance,
vnité de Vocation, vnité de Bapteſ-
me, vnité de Connoiſſance, & enfin
vnité de toutes choſes. En effet
comme il y a dans l'Egliſe vne ſain-
cte communauté, non pas d'vne
choſe, ou d'vne autre, mais de toutes;
ainſi il y a vnité de chef, de corps,
d'eſprit, de vertus, de dons, de graces & de myſteres: C'eſt ce que Ter-

*Fauſt. Re-
giens, Ep.1.*

*Aux Epheſ.
ch.4.*

tullian a doctement exprimé, selon
la doctrine du diuin Apostre: *Ceux,*
dit-il, qui participent auec nous au bai-
ser de paix, & au nom de freres, ne nous
sont pas estrangers ; nous n'auons eux
& nous qu'vne foy, qu'vn Dieu, qu'vn
Christ, qu'vne Esperance, qu'vn Baptes-
me, & pour dire tout, nous ne faisons
qu'vne Eglise ; ainsi tout ce qui est à eux,
est aussi à nous. Quand nous parlons en cette sorte de l'vnité de l'E-
glise, nous en parlons auec plus de
dignité, que ne fait Optatus, qui la
resserre dans des bornes estroites,
proportionnées à la bassesse de son
esprit, & à la foiblesse de ses con-
noissances.

Mais que dit-il apres cela? Si l'E-
glise est vn corps, il est necessaire
qu'elle n'ait qu'vn chef ; cette verité
est certaine : Quel est ce chef? C'est
le Pape, adjouste-il ; c'est encores

vne proposition veritable : Mais
nous difons quelque chofe de plus
ancien, & de plus excellent; c'est que
Pierre est au fecond rang le chef de
l'Eglife, & que Iefus-Chrift, qu'O-
ptatus a oublié, l'est au premier
rang: Car cóme dit le diuin Apostre:

C'est en vain que l'homme conçoit vne
haute opinion de foy-mefme, abusé par
ſes penſées charnelles & groſſieres; il ne
peut auoir aucune veritable vertu, n'estant
pas vny à ce diuin chef Iefus-Chrift, qui
par vne admirable liaiſon auec l'Eglife
ſon corps myſtique, répand dans tous les
membres de ce corps, les eſprits & les for-
ces neceſſaires, pour conduire chacun à
l'eſtat de perfection. Ainfi, Optatus,
noftre creance est plus illuftre que la
voftre; nous eftimons que l'Eglife
n'a qu'vn chef, & que Iefus-Chrift
eft en Pierre, & Pierre en Iefus-
Chrift le chef de l'Eglife. C'eft la

haute & saincte maxime que sainct
Leon Pape enseigne, escriuant aux
Euesques de France : *Dieu, dit-il, a
receu Pierre, le plus grand des Apostres,
dans la societé de son vnité indiuiduelle.*
Nous croyons donc la verité du
chef de l'Eglise ; mais nous la
croyons toute entiere , au contraire
l'opinion qu'en a Optatus est ren-
fermée dans des limites aussi estroit-
tes, que son audace est vaste & temeraire.

Car so peut-on imaginer vne insolence pareille à la vostre, Optatus,
quand vous enflez vostre stile, pour
calomnier la foy de l'Eglise Gallicane, & de vostre patrie ; que vous la
representez chancelante en la religion , foible & languissante dans les
deuoirs de la pieté, & preste à tomber sous les ruïnes du Schisme & de
l'heresie? C'est la peinture que vous

faites de l'estat de l'Eglise de France,
que vous chargez d'injures à la
veuë de tout le monde, & que vous
appellez deuant le Tribunal du Souuerain Pontife comme vne criminelle; mais vous ne l'y appellez pas
seulement, vous l'appliquez vous
mesme à la torture en ce lieu sainct
& majestueux; vous ne l'y poursui-
uez pas seulement, vous y déchirez
inhumainement sa face venerable;
vous ne l'y attaquez pas seulement,
vous taschez mesme d'y opprimer
son innocence. Pensez-vous que
vos impostures trouuent creance à
Rome, & que d'abord vous
éblouïssiez tellement les yeux de
cette mere de tous les Chrestiens,
qu'elle ne reconnoisse pas le visage
de l'Eglise Gallicane sa fille aisnée,
de quelques calomnies que vous
ayez noircy sa beauté naturelle,

dont elle conserue l'idée depuis tant
de siecles? Vous persuadez-vous
qu'elle oublie tout d'vn coup cette
belle loüange prononcée par le Pape Estienne, qu'elle garde dans des
monumens eternels: *Cette nation,*
disoit-il, *dés la naissance de l'Eglise a
tousiours embrassé la doctrine Catholique, & c'est le premier fruict de la mission Apostolique de S. Pierre.* Grande
& immortelle loüange, que la
France a tousiours soigneusement
cultiuée, par les combats illustres &
glorieux, que d'vn courage inuincible, & d'vne fidelité constante &
inuiolable, elle a rendus en tout
temps pour l'Eglise Romaine, contre les efforts des Schismatiques ennemis de son authorité. L'Histoire
nous presente des témoignages fideles de cette verité, il m'a semblé à
propos d'en rapporter icy quelques

*Estienne 3.
Epist. 2. à
Pepin.*

vns; ie ne deroberay rien aux mo-
dernes qui ont traité cette matiere;
mais i'iray puiſer dans les ſources
des anciens, que i'ay maniez aſſez
long-temps, pour m'en ſeruir à la
gloire de ma patrie.

Sainct Irenée Eueſque de Lyon,
eſt le plus ancien, & le plus ſçauant
de tous les Peres Latins qui ont defendu l'Egliſe Romaine; il l'a non
ſeulement defenduë, mais il a releué ſa dignité, & luy a acquis de belles victoires contre ceux, *qui par aueu-*
glement, par vaine gloire, par complai-
ſance, ou par erreur faiſoient des aſſem-
blées contraires à l'ordre de l'Egliſe; c'eſt
à dire, contre les Schiſmatiques, qui
s'aſſembloient ſeparément pour ce-
lebrer les diuins offices, & qui diuiſoient l'Egliſe de Dieu. Mais lors
que le Schiſme des Donatiſtes, le
plus dangereux de tous les Schiſmes,

S. Irenée,
liu. 3. ch. 3.

s'est éleué contre l'Epouse de Iesus-
Christ, Cartage a eu l'honneur de
le combattre, & Rome celuy de
l'estouffer ; toutesfois au mesme
temps qu'il a attaqué l'Eglise Romaine, Dieu a voulu qu'il ait esté
abbatu au Concile d'Arles, dont
nos Prelats par dessus tous les autres, ont rendu témoignage au Pape Syluestre en ces termes : *Nous qui*
sommes Catholiques, & que le lien de la
Charité, & l'vnité de l'Eglise nostre mere,
a conjoints d'vn nœud indissoluble, nous
rendons nos deuoirs au tres-glorieux Pape,
& saluons auec honneur & reuerence le
chef de tous les Dioceses. Nous auons
souffert certains esprits dangereux, & in-
corrigibles, qui attaquent nostre doctrine
& nos traditions, & nous auons trouué
que l'authorité des Escritures, la pratique
de l'Eglise, & la regle de la verité com-
batent tellement leurs opinions, qu'elles ne

Epist. Sy-
nodale du
Concile
d'Arles, de
l'an 314.
approuuée
mesme par
Baronius.

peuuent estre defenduës par le discours,
& qu'elles n'ont ny argumens, ny preuues
qui les assistent. C'est pourquoy par le
iugement de Dieu, & de l'Eglise qui connoist ses enfans, & qui comme vne bonne
Mere les auoüe pour siens, ces mauuais
& pernicieux esprits ont esté condamnez
& exclus de sa cõmunion, &c. Ce témoignage est illustre; mais ce n'est pas
vne moindre gloire à l'Eglise Gallicane, qu'Innocent premier ait imploré le secours des Euesques François, pour esteindre le Schisme qui
auoit pris naissance en Espagne;
Schisme déplorable, qui comme dit
ce Pape, *s'augmente tous les iours par la*
passion qui se glisse dans les contentions
& les disputes, où chacun esperant obte-
nir ce qu'il desire, il s'est formé vne chais-
ne infinie de maux, & les animositez
particulieres ont fait vn cercle malheu-
reux de desordres qui roule continuelle-
ment,

Innocent I.
Epist. 13.

ment , & ne peut estre arresté.
Sainct Leon dit, que la declaration
des Euesques de l'Eglise de France,
qui saluerent les premiers le Siege
de Rome du nom de Siege Apostolique, & comme de sages & respe-
ctueux enfans, protesterent que sa
dignité leur estoit en veneration, seroit de grand poids, pour procurer
la paix de l'Orient, & confirmer la
foy des Espagnes. Mais venons à
ce grand different d'entre l'Eglise &
la ville de Rome, qui fust allumé
contre le Pape Symmache, par la
haine d'Anastase Empereur heretique; le Senateur Faustus excita contre ce sainct Prelat vn certain Lau-
rentius, & tira à son party des ames
venales, qui se laisserent corrompre
par l'éclat de l'or; le Pape abandonné à la violence par ceux qui le
deuoient deffendre, fut contraint de

D

respondre deuant ses inferieurs, sur vn crime dont il estoit faussement accusé. Les Prelats de France ne peurent souffrir cette injure, & prirent la plume, pour maintenir genereusement les droicts du premier Siege. Voicy ce qu'en escriuit Auitus en leur nom: *Pendant que nous estions en peine du succez de la cause de l'Eglise Romaine; que ses perils nous faisoient trembler, parce que la perte du chef mettoit en danger l'Estat de tous les membres; & que la mesme accusation qui eust fait perir le premier Euesque, eust enueloppé dans sa ruïne tous les autres, sans se charger de la haine de les persecuter tous en particulier; on nous a apporté d'Italie la coppie du Iugement que les Euesques assemblez à Rome ont donné sur le procez du Pape Symmache: A la verité le nombre des Prelats qui ont souscript ce iugement, semble en fauoriser*

Auitus Euesque de Vienne, en l'Epist. aux Senateurs Faustus & Symmachus: voyez aussi Ennodius en l'Apologet.

*l'execution; mais il nous semble que le
Pape Symmache estant accusé par les
laïques, les Prestres deuoient plustost
prendre le soin de le consoler dans ses
déplaisirs, qu'accepter la charge de le iuger. Dieu a dit que nous sommes sujets
aux Puissances de la terre, & que
quand nous sommes accusez de quelque
crime, il faut que nous respondions deuant les tribunaux des Roys, & des
Princes du monde; mais nous ne trou-
uons point de raison, ny de loy qui sou-
mette vn Superieur au iugement de ses
inferieurs. Si vous considerez cette affaire
exactement, & auec toute vostre prudence, vous n'estimerez pas qu'en la cause
dont vous auez esté establis Iuges, il soit
seulement question de l'interest de l'Eglise
de Rome: Si les autres Euesques ont failly,
ils peuuent estre corrigez; mais si le Pape
de Rome est accusé, ce n'est pas seulement
vn Euesque qui est en peril; mais c'est*

*l'Episcopat entier dont l'authorité est
ébranslée.*

La deuotion du Clergé de France enuers le premier Siege, s'est ré-
panduë dans l'ame de nos Roys, au
mesme temps qu'ils ont esté éclairez
des lumieres de la foy ; ils n'ont pas
plustost esté Chrestiens, que par des
témoignages publics de leur pieté,
ils ont monstré qu'ils embrassoient
les interests du Siege Apostolique.
Clouis commença par la guerre
qu'il entreprist à cause de la Religion, contre Alaric Roy des Goths,
qui regnoit iusques dans l'Espagne ;
il tua ce Prince Arrien de sa propre
main dans l'ardeur d'vne grande ba-
taille, dont il remporta vne victoire illustre : L'Empereur Anastase
ayant recherché son amitié, & pour
marque de l'estime qu'il faisoit de sa
personne, luy ayant enuoyé vne

*Gregoire de
Tours, liu.
2. de son
histoire.*

Couronne d'or, Clouis en fist present au Pape Hormisda, pour estre
vn gage de sa foy, & de celle de ses
successeurs. Ainsi Childebert son
fils accorda au Pape Vigilius le secours qu'il luy demandoit; *Secours*
digne d'vn Roy Catholique, qui a empes-
ché que le Roy des Goths ne se soit meslé
dans les affaires de l'Eglise Romaine, &
que sa dignité n'ait esté blessée par la
puissance d'vn Prince qui fait profession
d'vne loy estrangere & ennemie; & enfin
que ce Prince n'ait fait ny permis qu'il se
fist quelque chose qui peût apporter du
trouble dans l'Eglise Catholique. Quelque temps apres les Euesques de
France rendirent vne assistance considerable au mesme Pape Vigilius,
lors que gemissant sous les oppres-
sions de l'Empereur, il s'escrioit: *Ie*
vous declare qu'encores que vous me te-
niez en captiuité, vous ne pouuez toutes-

fois mettre en captiuité sainct Pierre,
dont ie suis le successeur. Sainct Gregoire parle honorablement de la
fidelité enuers Dieu, de la deuotion, de la pieté Chrestienne du
mesme Roy de France Childebert,
& de la protection qu'il a prise de
l'Eglise vniuerselle : C'est aussi en
sa consideration que ce grand Pape
a donné au Royaume de France ce
bel Eloge qui est en la bouche de
tout le monde: *Autant que la dignité*
des Roys est releuée par dessus la condi-
tion des subjets, autant certes la majesté
de vostre Royaume l'emporte sur les
Royaumes de tous les autres peuples. Ce
n'est pas vne si grande merueille d'estre
Roy, puis qu'il se trouue d'autres Roys,
que d'estre Roy Catholique, qualité que les
autres Roys ne meritent pas: Comme vn
flambeau qui iette vne grande lumiere,
répand sa clarté au milieu des tenebres

S. Gregoire
liu. 5. Ep.
53. & au-
tres à Chil-
debert.

d'vne nuict obscure; ainsi la splendeur de
vostre foy est eclatante parmy l'infidelité
des autres nations. Vous possedez tout
ce que les autres Roys se vantent de
posseder; mais vous les laissez bien loin
derriere vous, parce qu'ils n'ont pas la
principale richesse que vous auez. Donc
la sincerité de la vraye foy que vostre
ame conserue si soigneusement, & que
vous faites si noblement reluire par vos
actions, vous a acquis l'amour de sainct
Pierre le Prince des Apostres, il commet à
vostre pieté la defence de l'Eglise, dont les
affaires par la saincte affection que vous
auez pour la Religion Chrestienne, ont
esté iusques à present maintenuës en leur
dignité, & gouuernées heureusement sous
vostre authorité puissante & redoutable.
Nous voyons en suitte que le Pape
Zacharie a honoré les Euesques
François de ce témoignage de ré-
iouïssance : *Mes freres bien-aymé*

voſtre conduitte nous donne vn ſingulier
contentement; car voſtre foy ⁊ l'vnion
que vous conſeruez auec nous, eſt publi-
que ⁊ precieuſe, non ſeulement deuant
Dieu, mais auſſi deuant tous les hom-
mes.

Mais d'autant qu'il faut necef-
ſairement obmettre pluſieurs choſes, qui ſe pourroient icy rapporter; paſſons de la premiere race de
nos Roys à la ſeconde, nous y trou-
uerrons des trophées grauez dans
l'eternité, pour marque perpetuelle
que ces grands Monarques n'ont
veſcu, & n'ont trauaillé que pour la
defenſe de l'Egliſe Romaine: Nous
verrons vn Prince genereux ſacré
de la main du Pape Eſtienne, & re-
tournant victorieux de deux fa-
meuſes expeditions, entrepriſes contre Aſtolphe Roy des Lombars, qui
taſchoit de ſe rendre maiſtre de l'Ita-

Eſtienne II.
Epiſt. à
Pepin.

lie. C'est pour luy que cét ancien
Eloge a esté escrit sur le marbre à
Rauenne; *Pepin le pieux a le premier*
ouuert la porte à la grandeur de l'Eglise.
Il a encores esté nommé depuis par
le Pape Paul: *Nouueau Moyse, nou-*
ueau Dauid, tres-Chrestien, protegé de
la main de Dieu, tuteur & liberateur de
sa saincte Eglise. Parleray-je de
Charles le Grand, vn autre Constantin, dont les victoires ont deliuré l'Espagne de la puissance des infideles; dont la vertu heroïque a
sauué l'Italie de la violence des tyrans; dont les merites infinis enuers
l'Eglise surpassent la foy de l'Histoire. Certes quand ie considere ce Monarque, ie ne l'estime pas tant parce
qu'il a vaincu Didier Roy des
Lombards, & Adalgise son fils; qu'il
a enrichi l'Eglise Romaine de leurs
dépoüilles; qu'il a esteint la con-

Papir. Mas-
son, liu. 2.
des Annal.

Pape Paul,
Ep. 6. & 10.
à tous les
François.

Hadriã Pa-
pe, Epist. 1.
à Charle-
magne.

juration des parés du Pape Hadrian; qu'il a reſtably le Pape Leon dans la ville de Rome & dans ſon Palais; & qu'apres cela le Pape Leon l'a ſacré & couronné Empereur, que ie trouue ſa gloire illuſtre, parce qu'il

a receu dans vn Concile celebre l'Eloge, d'*Arbitre tres-Chreſtien de la vraye Religion, & de defenſeur de la ſainĉte Egliſe de Dieu*; & parce qu'à l'exemple meſme des Payens, qui

luy donnoient le titre de *Pere de tout le monde*, les Chreſtiens ne l'appelloient pas du nom de *Roy*; *mais de celuy de Preſtre*, à cauſe qu'il auoit procuré la grandeur de l'Egliſe. Louïs le Debonnaire ne dégenera pas de la pieté de ſon pere, & ne ſe monſtra pas indigne de l'honneur qu'elle luy auoit acquis; il priſt auec vn courage inuincible la prote-ĉtion de l'Italie & de l'Eſpagne

côtre les Infideles; & ayant defendu
l'Eglife Romaine, fuiuant l'exhortation que Charles luy en auoit
faite par fon teftament, & felon les
belles inftructions qu'il auoit tirées
de la vie de cét Augufte Prince; il
recommanda auffi à fes enfans d'a-
uoir toufiours foin de la dignité de
cette Mere de toutes les Eglifes, &
leur laiffa auec fes Couronnes, la reuerence qu'il portoit au fainct Siege, comme vne qualité hereditai-
re: *Nous commandons*, dit-il, *fur toutes choſes, que nos trois enfans viuans dans vne vnion fraternelle, prennent enfemble la defence de l'Eglife de fainct Pierre, à l'imitation de Charles noftre bifayeul, de Pepin noftre ayeul, de l'Empereur Charles d'heureuſe memoire noftre pere, qui ont toufiours protegé l'Eglife Romaine, comme nous auons fait apres eux.* Ses defcendans ont fagement obey

*Louis le De-
bonnaire en
fon ordon-
nance du
partage du
Royaume.*

à vne ordonnance si iuste, & se sont rendus imitateurs d'vne si excellente vertu ; & principalement Charles le Chauue, de qui le Pape Iean huictiéme dit que, *Dieu l'a establmy pour le bien du monde, & pour estre la cause de son salut, auec plus de merite & de dignité que Ioseph.* C'est sur son sepulchre que se lit cette illustre loüange, *Patron de Rome :* Son Capitulaire commence par ces bélles paroles : *Comme la saincte Eglise de Rome est le chef de toutes les Eglises, que tous luy portent honneur & respect, & que personne n'entreprenne aucune chose contre ses prerogatiues & sa puissance ; que son authorité luy demeure toute entiere, & qu'elle continuë d'employer ses soins pour l'Eglise vniuerselle ; que chacun demeure dans la reuerence qu'il doit à nostre Seigneur & Pere spirituel Iean Souuerain Pontife, venerable Euesque*

Concile de Rome de l'an 877.

Au Palais de Milan.

Capitul. fait au Palais de Pauie en l'an 876. Concil. de Troye de l'an 878. Flodoard liu. 3.

vniuerfel ; & que ce qu'il a ordonné par son authorité Apoftolique, & dans l'exercice de fon facré miniftere, foit receu de tous auec grande veneration ; & enfin que tous luy rendent leurs deuoirs & leurs foumiffions en toutes chofes. Ce Pape Iean huictiéme eftant perfecuté par les Comtes Lambert, Adalbert, & autres, fe retira en France, où il fut receu fauorablement, & entretenu felon fa dignité, fous le regne de Louïs le Begue ; qui pour reconnoiffance de ce qu'il l'auoit couronné Empereur, luy donna comme à l'enuy des preuues de fa bienueillance.

Ie ne parle point des autres témoignages de pieté de Charles III, enuers les Papes Formofes, & Iean ; & de Louïs enuers le Pape Eftienne ; pour paffer à Hugues le Grand, illuftre fource de la race de nos

Adon de Vienne en fa Chronique.

Roys. Ce Prince dés l'entrée de son regne fist paroistre combien il honoroit le Pape Iean XV. auquel, *il offre d'vne affection pure & entiere, & d'vn cœur enflammé d'vne saincte passion, son respect & son obedience.* Il adjouste ce que l'occasion presente nous oblige peut-estre de dire auec luy : *Prenez garde que dans les affaires qui concernent ma personne & mon Royaume, vous n'ordonniez que les choses iustes, & que vous ne receuiez pas pour choses certaines, celles qui sont douteuses, & dont vous n'auez pas esté veritablement informé.* Le Roy Philippes alla au deuant du Pape Paschal second, qui s'estoit refugié en France, pour se garantir des outrages des Empereurs Henry IIII. & Henry V; il le receut auec des respects religieux, & embrassant sa protection, il obligea son Royaume à le recon-

Hugues en l'Epist. à Iean XV.

Epist. de Gregoire 7. à Philippes, liure 1. Epist. 75.

noiſtre, contre les factions de quatre Antipapes. Yues Eueſque de
Chartres eſcriuant à ce Pape, donne
vne loüange memorable à la France,
& au Roy Louis le Gros : *Voſtre*
Saincteté ſçait, luy dit-il, que le Royau-
me des François par deſſus tous les autres,
a touſiours eſté obeïſſant au ſainct Siege,
d'où vient que quant aux perſonnes des
Roys, il n'y a iamais eu de diuiſion entre
l'Eſtat & le ſouuerain Sacerdoce. Donc
puiſque le Roy des François eſt fidele en-
fant de l'Egliſe, & affectionné au Siege
Apoſtolique, nous vous exhortons de ne
vous point ſeparer d'auec luy, & de re-
jetter tous les conſeils que l'on pourroit
vous donner de vous eſloigner de ſon ami-
tié. Voſtre Saincteté ne peut ignorer que
quand l'Eſtat & le Sacerdoce ſont en
bonne intelligence, le monde eſt heureuſe-
ment gouuerné, & qu'alors l'Egliſe eſt
floriſſante, & recueille en abondance les

Yues de
Chartres,
epiſt. à Paſ-
chal.

fruicts de sa pieté. Le mesme Louïs a puissamment defendu les droicts des Papes successeurs de Paschal, & principalement de Gelase, & de Calixte second, contre l'Empereur Henry, vsurpateur des inuestitures. Sous son regne deux Conciles ont esté tenus en France, l'vn à Rheims, & l'autre à Vienne, où presidoient les Legats du sainct Siege, & où Henry Prince violent, & ennemy de l'Eglise, fut excommunié. Le Roy leua mesme vne armée de deux cens mil hommes, dont les forces in-uincibles ietterent l'épouuante dans l'esprit de l'Empereur, & luy firent prendre la fuitte: Le Schismatique Maurice Euesque de Braccare, fust contraint de rentrer dans son deuoir; & par vne assistance si considerable, il se fist vne memorable vnion de l'Empire auec Henry, de Henry auec

aüec Calixte, & de Calixte auec le
Concile Oecumenique, qui pendant prés de trois siecles auoit esté
continuellement desiré. Il arriua
quelque temps apres que le Pape
Innocent second fust chassé de
Rome, par le Schisme & la faction
de Pierre Leon : La France l'inuita
de se retirer chez elle, le receut
dans les disgraces de son exil ; &
seule dans toutes les contrées de
la terre luy offrist vn asyle contre les
persecutions de la fortune, par vn
traitement digne de la fille aisnée
de l'Eglise enuers le Pere des Chrestiens : *Car,* comme dit l'Abbé
Bernard, *les autres nations se laissent
facilement porter aux Schismes ; mais ces
factions infames n'ont iamais soüillé la
pureté de la France ; elle n'a iamais embrassé les erreurs des meschans ; elle n'a
iamais esleué d'Idoles sur les Autels de*

E

*Concile de
Latran de
l'an 1119.*

*S. Bernard
en l'Epistre
des actes du
Concile de
Chartres, &
en la 125.
& 126. ep.*

*Bernard
Abbé de
Bonneual,
liu. 2. de la
vie de S.
Bernard,
chap. 1.*

Iesus-Christ, & n'a iamais honoré de
monstres dans la Chaire de S. Pierre.
Le Roy Louis le Ieune secourust
aussi le Pape Alexandre III. contre l'Antipape Victor; & apres
les deux Conciles de Clermont &
de Tours, le mist en estat de retourner à Rome, & de se remettre
dans son Siege, auec des pompes
& des magnificences qui approchoient d'vn triomphe. Innocent III. rencontra vn siecle plus
heureux; ce Pape doüé d'vne eru-
dition singuliere, orné d'vne sagesse admirable, & accompagné
d'vne souueraine felicité, n'eust pas
besoin des secours de la France; il
parle toutesfois tres-auantageuse-
ment de Philippes Auguste &
de son Royaume, & luy témoigne
vne veritable affection: *Nous ay-*
mons, dit-il, *sincerement, & auec les*

Innocent 3.
dans le ref-
crit aux
Euesques.

plus purs *sentimens de nostre ame*, *sans
deguisement & sans feinte Philippes
illustre Roy des François*; *nous luy sou-
haittons accroissement de gloire & de
prosperitez*; *parce que nous estimons que
l'accroissement du Royaume des François*, *est l'auantage & la grandeur du
Siege Apostolique.* Vrbain V. fust
obligé d'implorer l'assistance de
Sainct Louïs, qui luy ouurist les
bras, & le defendist puissamment
contre Manfred, fils bastard de
l'Empereur Frideric: Gregoire IX.
demanda aussi à ce Prince sa protection contre l'Empereur; le nom-
mant *le premier & le bien-aymé fils de
l'Eglise, son principal recours, & son
asseuré refuge.* Innocent IIII. vio-
lemment trauaillé par Frideric,
vint en France, pour y trouuer de
l'appuy: Il tint vn Concile à Lyon,
d'où comme d'vne forte Citadelle,

*Naugis en
la vie de
S. Louïs.*

*Greg. 9 en
la Bulle à
S. Louys, de
l'an 1239.*

*Concile 1.
de Lyon, de
l'an 1245.*

ou pluſtoſt comme du Ciel meſme,
il lança le foudre de l'Egliſe contre
l'Empereur, qui auoit autrefois
fait quelques pratiques contre
S. Loüis : Ce Roy exemplaire de la
vraye pieté, confirma par ſon authorité celle du Pape, & le Pape
éprouua que Loüis auoit eſté bien
iuſtement nommé, *le Vigilant défen-
ſeur de l'Egliſe.* Philippes III. re-
ceuſt auec de grandes demonſtra-
tions de reſpects & de reuerence, &
aſſiſta genereuſement Gregoire X.
lors qu'il vint au Concile de
Lyon, pour appaiſer le Schiſme de
l'Orient ; & à la priere du Pape
Martin IIII. il vengea la perfidie
de Pierre Roy d'Arragon, qui
auoit enuahy le Royaume de Sicile.

Cette longue ſuitte de bienfaits,
qui témoigne la deuotion de la

*Ioinuille
en la vie de
S. Louys.
chap.* 16.

*Concile ſe-
cond de
Lyon, de
l'an* 1274.

France enuers le sainct Siege, en-
nuye Optatus; il tasche de l'inter-
rompre par cette froide & imper-
tinente objection, de la querelle
que Philippes le Bel eust contre
Boniface VIII. à qui vn Historien
Espagnol donne le nom de Pape
imperieux. Mais c'est vainement
qu'il nous oppose cette diuision;
car outre que pour l'allumer d'auantage, plusieurs choses ont esté sup-
posées par les ennemis des deux
partis; comme entr'autres ces lettres injurieuses, qui sont entre les
mains de tout le monde: Nous deuons plustost nous souuenir de l'a-
mitié que ce Prince a euë auec
Benoist XI. & Clement V; de la
reuerence qu'il leur a portée; des
deuoirs qu'il leur a rendus, & qu'il
a au mesme temps rendus au sainct
Siege; & enfin du decret du Conci-

le Oecumenique de Vienne, qui ne condamna pas la memoire de Boniface, comme Philippes auoit demandé : Mais declara que, *pour quelque cause que le Roy pourroit auoir offensé le Pape Boniface, ou l'Eglise, le merite du Roy, ny de ses enfans, & de ses successeurs n'en receuroit iamais de diminution.*

Passons donc plus auant. Louïs dixiéme Roy de France, empescha le Schisme que toute la Chrestienté craignoit deuant l'élection du Pape Iean XXII. & ce Pape estant cruellement persecuté par le Schismatique Louïs de Bauieres Roy des Romains, qui l'auoit chassé de son Siege, pour y introduire vn certain Nicolas Antipape ; Charles IIII. le receust humainement, & le defendit auec vne grande generosité : Philippes de Valois en

fist autant; & alors les Liures de
Marsile de Padouë, & d'autres partisans de Louïs de Bauieres, qui at-
tribuoient faussement & imperti-
nemment à l'Empereur; vne souueraine authorité dans l'Eglise, furent censurez par la sacrée Faculté
de Theologie de Paris, & iustement condamnez comme heretiques.

Nous voicy arriuez à vn temps
où l'vnion de l'Eglise & de l'Estat
a esté puissamment agitée; nous en
sommes à l'histoire de ce long Schisme, dont la France se deliura auec
tant de sagesse; mais nous reser-
uons à en parler plus particulierement au Liure suiuant. Cependant
il est à propos de remarquer que le
Roy Charles VI. eust cét honneur d'estre nommé en sa presence de la propre bouche d'vn Pape,

Iuuenal des Vrsins, en l'hiſt. de Charles 6.

*le bras droict de l'Egliſe , le ferme &
aſſeuré appuy du ſainct Siege; que le*
meſme Prince pourſuiuiſt auec les
armes iuſques en Eſpagne, Pierre
de la Lune ce fameux Antipape,
dont le Pontificat dura trente ans;
& que par ſes ſoins & ſes labeurs le
Schiſme fuſt enfin eſteint au Concile de Conſtance, où ſous vne ſi
auguſte protection, les Eueſques
François, & Gerſon Chancelier de
l'Vniuerſité de Paris, qui y eſtoit
Ambaſſadeur de France, trauaillerent tres-vtilement pour le bien de
l'Egliſe. Charles VII. ſuiuant les
traces de ſon pere, fiſt reſoudre
Amedée, qui auoit eſté éleu au
Concile de Baſle, de quitter le
Pontificat au Pape Nicolas V.
apres l'en auoir longuement ſolli-
cité ; & procura au ſainct Siege
auec beaucoup de peines & de dé-

Martin V. année 1418 *en l'inſtru-
ction dõnée par ſa Sain-
cteté à Iac-
ques Ar-
cheueſque
de Tours.*

Alain Chartier, en la vie de Charles 7. *année* 1448.

penses l'obeyssance des partisans
de ce Concile. L'Eglise Romaine
ne se plaindra iamais de Louïs XI.
qui contre l'aduis de la pluspart de
ses subjets, & malgré la resistance
presque de tout son Royaume, re-
uoqua la Pragmatique Sanction; *année 1463*
chose si agreable à Rome , que *Pie 2. en*
Pie II. luy en fist vn remerciement *l'Epistre à*
solemnel, & luy promist d'enuoyer *Louys 11.*
vn Legat en France, pour y confe- *& au liure*
rer les Benefices, ce que toutesfois il *qu'il a fait*
n'executa pas. *de sa vie.*

Entrons maintenant en Italie
auec le Roy Charles VIII. qui *Monstrelet*
marche à la conqueste des Royau- *en ses Ad-*
mes de Naples & de Sicile, dont le *dit. sous*
droict luy appartient, par les suc- *Charles 8.*
cessions de ses ancestres , & par
l'authorité d'vn testament. Ce fust *Testament*
vn voyage qui eust d'heureux *de Charles*
commencemens , & quoy que le *d'Anjou.*

Pape Alexandre VI. ne fauorisast
pas vne si iuste entreprise, ce grand
Roy ne laissa pas de l'honorer
comme le Pere des Chrestiens: Il
trouua assez de pretextes pour le
troubler dans la possession de sa
dignité; car si nous en croyons
*Paul Ioue, il y estoit paruenu par
mauuais moyens, & auoit gagné
les suffrages, presque à la veuë de
tout le monde, par brigues & par
presens; pour ce sujet plusieurs
d'entre les Cardinaux desiroient
qu'il fust deposé du Pontificat;
mais le Roy tres-Chrestien les dé-
tourna d'vn Schisme si dangereux;
& faisant auec luy ligue offensiue &
defensiue, il luy promist vne fidele
& sincere protection. Louïs XII.
surnommé le Pere du peuple, dés
son premier voyage d'Italie, remist
Boulongne entre les mains de Iu-

les II. qui toutesfois depuis se declara son ennemy, & exerça plusieurs actes d'hostilité contre la
France; ce Prince vrayement digne
du tiltre de tres-Chrestien, assem-
bla à Tours les Prelats de son
Royaume, sur l'occurence de diuerses affaires; mais quelque sujet
de ressentiment qu'il eust contre le
Pape, il luy enuoya par leur aduis
ses Ambassadeurs, & entr'autres
Guillaume Euesque de Lodeue,
qui pour rendre témoignage de la
pieté de son Maistre luy dist:
Le Roy tres-Chrestien n'a leué les armes
que pour resister aux mauuais desseins
du Roy des Romains, pour garantir
l'Italie de ses rauages, & pour defendre
vostre Saincteté, & ce sacré College de
ses inuasions; il appelle Dieu à témoin de
cette verité, qu'il atteste deuant son Vi-
caire. Leon X. qui succeda à Iules,

Guillaume
Briçonnet
Euesque de
Lodeue, en
sa Haran-
gue Apolo-
getique au
Pape Iules
2. année
1507.

reconneuſt cette genereuſe intention de Louïs, & vouluſt faire
connoiſtre à tout le monde la bonne intelligence qui eſtoit entr'eux,
par ces Bulles pleines d'eloges & de
termes de ſinguliere recommandation: *Nous Leon, par la grace de Dieu,*
Pape dixiéme de ce nom, promettons en
foy & parole de Souuerain Pontife, de
tenir Louïs Roy de France pour noſtre
fils bien-aymé; d'auoir affeſtion parti-
culiere pour les choſes qui regardent ſa
perſonne, ſon Royaume, ſes Eſtats, &
ſes ſubjets, comme nous deuons auoir
pour le Roy tres-Chreſtien, fils aiſné de
l'Egliſe, & affeſtionné au ſainſt Siege;
de le conſeruer dans les meſmes priuile-
ges & libertez dont les Papes nos pre-
deceſſeurs ont permis que les Roys de
France ayent iouy iuſqu'à preſent; de
le defendre & ayder de toute noſtre puiſ-
ſance par cenſures Eccleſiaſtiques &

autres voyes, contre tout Roy, Prince,
grand & petit Potentat, Republique,
Seigneurie, & contre toutes personnes,
sans en excepter aucune, qui voudroient
entreprendre de l'offenser, de l'attaquer,
de luy faire la guerre, de faire la guerre
à son Royaume, & à ses Estats ; enfin
nous le receuons sous nostre protection,
& sous la protection de la saincte Eglise. François premier monstra combien cette grace faite à la France
luy estoit chere ; car ce Prince doüé
d'vne rare pieté, prist genereusement les armes pour s'opposer aux
attentats de Charles Quint, & vengea auec vne vertu incroyable sa
perfidie, que mesme les Historiens
Espagnols ne dissimulent pas : L'armée de l'Empereur Charles composée d'Espagnols, & d'Allemans
Lutheriens, assiegea la ville capitale
du monde, & de l'Eglise, y entra de

*Sandoüal.
hist. d'Es-
pagne, li-
16.*

force ; y exercea tous actes d'hostilité ; y mist tout à feu & à sang ;
couppa la gorge aux habitans ;
porta le fer dans le sein des Cardinaux ; força les vierges sacrées ;
commist tous les crimes imagina-
bles ; pilla également les maisons &
les Temples ; remplist Rome de
desolation & de sacrileges ; & pour
ne rien oublier des anciennes fureurs des Alarics & des Totiles, elle
mist sur le tombeau d'vn rebelle,
qui estoit son General, ce bel Eloge, IL A PRIS ROME, ET
ASSIEGÉ LE SOVVERAIN
PONTIFE. En effet elle tenoit le
Pape enfermé dans vne forteresse,
où il souffroit auec treize Cardinaux toutes les rigueurs de la faim,
& ne luy rendist pas mesme sa liberté, apres auoir pris de luy des ostages,
& vne grande rançon, & apres

l'auoir dépoüillé de la plufpart du
patrimoine de S. Pierre. François
emporté d'vn iuste reffentiment, &
animé à la vengeance d'vne injure
qui offençoit toute la Chreftienté,
enuoya fes armes en Italie, qui euf-
fent mis en pieces tous ces brigands, fi le Ciel ne les euft auparauant fait perir par vn des fleaux
dont il punit les hommes en fa colere, & fi la pefte auant que ce fecours peuft arriuer, n'euft chaftié
leur impieté: Mais il feruift pour
reprendre plufieurs places fur les
ennemis de l'Eglife; pour rendre le
repos au Souuerain Pontife; le re-
ftablir dans fon Siege; & pour con-
traindre l'Empereur Charles à la
paix, fous des conditions plus rai-
fonnables; apres cela Charles vint
à Rome, mais il n'y peût entrer que
fur les ruïnes du Temple de la Paix,

qu'il auoit si honteusement violée.
Philippes second heritier de ses
Estats, s'altera aussi contre Paul
quatriéme, de qui Henry second se
declara protecteur, & defendist
puissamment les droicts. Chacun
sçait combien François II. & Charles I X. ont trauaillé pour l'auantage de la Religion. Henry III. qui
dés sa ieunesse a combatu pour
l'Eglise Catholique, & qui toute sa
vie l'a euë en singuliere veneration ; dist ces paroles en mourant:
I'ay vescu fils aisné de l'Eglise Catholi-
que, Apostolique & Romaine ; & ie
mourray Dieu aydant, tel que i'ay vescu.
Henry IIII. soustenant le Siege
Romain, cóme vn Theodose, voulust defendre ses droicts auec les armes, mais il n'eust besoin presque
que d'vn de ses regards pour l'y
maintenir ; il mist Ferrare en la
puissance

puiſſance du Pape ; il accómoda le different des Venitiens, qui mena-çoit l'Italie d'vne longue ſuitte de guerres, & qui pouuoit produire vn Schiſme dangereux ; & par des bien-faits immortels, témoins fideles de ſa pieté enuers l'Egliſe, il conſerua la bienueillance que deux grands Papes, Clement VIII. & Paul V. auoient pour luy, par vne forte inclination, qui n'auoit point d'autre cauſe que ſon incomparable vertu.

Enfin nous ſommes paruenus au regne auguſte de Louïs XIII. Optatus qui s'efforce d'en obſcurcir la gloire, & d'en eſtouffer le bon-heur, ne pouuoit pour ce deſſein inuenter vne calomnie, ny plus furieuſe, ny plus injuſte que celle qu'il impoſe temerairement à la France, d'auoir fait le projet de for-

mer vn Schifme. Quoy cette nation si ancienne & si illuftre, qui a
receu la Loy de Iefus-Chrift dés la
naiffance de l'Eglife ; qui l'ayant
touſiours conſeruée reluiſante
comme vn Soleil, ſur le diadéme
de ſes Roys depuis plus de douze
ſiecles, l'a propoſée pour exemple
à tous les Empires ; qui a inſtruit
en la Foy l'Eſpagne, l'Angleterre,
& les Royaumes du Septentrion;
qui a porté, ou du moins rallumé
dans l'Orient les lumieres de l'E-
uangile ; qui a deliuré tant de fois
l'Italie des inuaſions des Barbares,
des pillages des brigands, & des
miſeres de la ſeruitude ; qui a tant
de fois ſecouru l'Eglife Romaine,
pour la garantir de la perfecution
des tyrans, & pour eſteindre les
Schiſmes ; qui a donné au ſainct
Siege quatorze Papes, & vn nom-

bre infiny de Cardinaux ; qui a
touſiours genereuſement combatu
pour l'Egliſe Romaine, ou auec
les forces de l'eſprit , ou auec
la puiſſance des armes : Quoy,
dis-je, cette nation tant aymée de
Dieu , auroit-elle en vn moment
oublié ce qu'elle eſt ; ſeroit-elle
maintenant ſi differente d'elle-
meſme, qu'elle vouluſt abiurer ſa
foy, trahir l'Egliſe , faire la guerre à
la Religion ? Ie le dis hardiment,
Optatus, & pleuſt à Dieu que ie
peuſſe vous le dire face à face, il eſt
impoſſible que celle qui a combatu pour la gloire de Ieſus-Chriſt,
pendant le cours de tant de ſiecles,
ſe porte en ſi peu de temps à vn ſi
eſtrange changement ; & pour parler auec l'Eſcriture, qu'vne race de
ſainčteté, vn peuple eſleu, vn royal
Sacerdoce , & enfin vne nation

Il n'y a eu que quatre Papes Eſpagnols, Damaſe, Iean 21. Calixte 3. & Alexandre 6. vn Anglois, Hadrian 4.

Paul 3. applique ces paroles de l'Eſcriture au Royaume de Frāce.

heureusement acquise à Dieu, se
change en vne fille de desbauche,
ennemie de la pieté, prenne la res-
semblance d'vn arc tortu, se reuolte
contre l'Autheur de la lumiere, perde le cœur, deuienne vne autre Sa-
marie, vne lignée rebelle à Dieu,
vne region d'exil, & vne terre de
perdition. Allez donc, Optatus,
chercher vos Apostats ailleurs, portez à ces ames malheureuses vos funestes presages ; la France en a autrefois receu de plus fideles, lors
que le Pape Innocent III. disoit à
Philippes Auguste : *Ce Royaume
beny de Dieu est tousiours demeuré con-
stant à son seruice, & nous croyons
qu'il ne sortira iamais des voyes de la
pieté ; toutesfois les mauuais Anges ne
perdent point d'occasion de ietter de toutes parts des semences de corruption,
mais c'est à nous qui connoissons les frau-*

des de Satan, de tascher de nous garantir
de ses impostures.

Que si nous voulons ietter les
yeux sur les choses qui se sont faites de nostre temps , & les considerer exactement, ne nous sera-il
pas bien aisé de conuaincre de mensonge les acusations d'Optatus? ne
paroistra-il pas   coulpable d'vne
rancune inueterée contre sa patrie?
Le bruict court, dit-il, que tout se
prepare au Schisme. Certes Optatus a eu raison de prendre vn bruit
pour son autheur, parce que ce
bruit n'a peut-estre point d'autre
autheur que luy. En effet le bruit
qui menace d'vn Schisme, ou c'est
vn bruict sans autheur, ou c'est vn
bruit sourd, qui n'a cours que parmy les ames basses & ignorantes,
c'est à dire parmy les semblables
d'Optatus, qui se nourrissent des

rumeurs populaires, comme d'vne
viande solide : La verité nous apprend bien d'autres nouuelles, elle
ne les dit pas à l'oreille en murmu-
rant, & ne les répand pas en ca-
chette ; mais elle les annonce hautement, & les proclame dans les
places publiques. Il n'y a, dit-elle,
personne en France, soit dans l'E-
glise, soit dans l'Estat, qui n'ait
l'esprit eloigné & ennemy du Schifme ? Commençons par le chef
de l'Estat, par Louïs le Iuste, c'est
par sa Majesté sans doute que nous
deuons commencer ; car ce miserable Escriuain a beau dissimuler,
tous ceux qui ont quelque connoissance de la Politique, depuis les
moins sçauans, iusqu'aux plus habiles en cette science, confesseront
qu'vn Schifme tel qu'Optatus se
l'imagine, ne se peut establir, non

seulement sans l'aueu & sans le consentement du Souuerain ; mais aussi
sans sa connoissance & sans son authorité. Cependant Optatus par
vne fraude insigne , & par vne
adresse dangereuse, declare que le
Roy n'est point coupable du Schisme dont il presage les malheurs;
mais comme il ne donne à sa Majesté des loüanges que froidement, il
oublie ce qu'il deuoit penser, & ce
qu'il deuoit dire ; que si quelqu'vn
vouloit entreprendre d'introduire
le Schisme dans ce Royaume, le
Roy ne le souffriroit pas, & que
pour l'empescher il hazarderoit sa
Couronne & sa vie. C'est l'eloge
glorieux que nous adjoustons aux
loüanges immortelles de Louïs le
Iuste; l'affection qu'il a pour le seruice de Dieu, & pour le bien de
l'Eglise, nous fait porter hardiment

F iiij

cette parole, qu'il perdroit pluftoft
tout ce que Dieu, Pere & Maiftre
des Roys, luy a donné de puiffance
& de grandeur, que d'endurer que
la fplendeur de fon Royaume, fuft
pour peu que ce foit obfcurcie par
les nuages du Schifme. Cette pro-
meffe eft grande, mais elle fe peut
faire affeurement pour vn Prince,
qui a eu pour Parrain vn Souuerain
Pontife; qui fous vn fi augufte ga-
rand eft deuenu enfant de l'Eglife,
& heritier du Ciel; qui a promis à
fon facre de conferuer la paix auec
l'Eglife Romaine; & qui ayant efté
efleué dans le fein de la pieté, a
donné des preuues en fon enfance
d'vne vertu auancée, en fa ieuneffe
d'vne vertu accomplie, & en fon
âge parfait d'vne vertu heroïque:
Et certes fi fa valeur a beaucoup de
part dans fes actions illuftres, l'a-

mour de la Religion n'y en a pas
moins ; témoin l'expedition de
Bearn, qu'il entreprist en la fleur de
son âge auec vn courage merueil-
leux, & qu'il acheua auec vne vistesse incroyable, apres qu'il eust remis l'exercice de la Religion Catholique, & fait reconnoistre la dignité du sainct Siege, en des lieux
qui sembloient inaccessibles. Témoin la reduction victorieuse du
Languedoc & des prouinces voisi-
nes ; reduction memorable par les
témoignages qu'elle donna de sa
generosité & de sa clemence, par le
restablissement des Temples & des
Autels, immortels monumens de sa
deuotion & de sa liberalité.
Témoin enfin la Rochelle, cette
ville ialouse de la puissance Royale,
cette autre Cartage, mais plustost
cette Tyr Reyne de la mer, qui ne

pouuant estre surmontée que par
nostre Alexandre, a enfin ouuert
les portes à ses armes inuincibles,
pendant que le Roy Catholique
par vne insigne pieté, secouroit vainement des heretiques & des rebel-
les. *Qui eust pensé qu'vne telle infortune*
deust arriuer à Tyr, cette ville autres-
fois couronnée, dont le commerce estoit
si celebre, que ses citoyens sembloient
estre des Roys? C'est le Dieu des ar-
mées qui l'a reduite à cet estat, pour la
dépouiller de sa gloire, luy rauir son or-
gueil, & couurir d'ignominie tous les
puissans du monde: fille de la mer, sor-
tez du sejour de vostre ancienne gran-
deur, eloignez-vous de cette terre bien-
aymée, auec la mesme vistesse qu'vn
fleuue impetueux & rapide; vous n'a-
uez plus de forces ny de soldats pour re-
sister à vos ennemis. Ainsi la Rochelle
est maintenant soumise à l'obeys-

Esaïe, ch.
23.

sance du sainct Siege, & à la puissance du Roy; tous les iours on y
fait des prieres pour la gloire de
l'Eglise Catholique & Romaine,
pour la conseruation du Souuerain
Pontife, & pour le salut de nostre
grand Monarque; tellement que
ce n'est pas sans sujet que nostre
sainct Pere Vrbain, aussi-tost qu'il
eust entendu la nouuelle d'vne si
importante victoire, prononça ces
paroles: *L'on entend vne voix de ré-*
joüissance & de salut dans l'assemblée
des fideles. Que le pecheur voye & s'af-
flige, que la Synagogue de Satan se con-
somme de regrets. Le Roy tres-
Chrestien rend de genereux combats
pour la Religion; le Dieu des armées
rend d'inuincibles combats pour le Roy:
de nous qui sommes spectateurs de ces
merueilles, d'vn sejour glorieux qui est la
patrie de tout le monde, nous triomphons

Vrbain 8.
en l'Epist.
à Louis 13.
escrite à
Rome, en
l'année
1628. le
18. No-
uembre.

de ioye, & nous-nous réjoüiſſons auec
voſtre Majeſté d'vne victoire, dont les
trophées ſont éleuez iuſques dans le Ciel,
dont la gloire ſera l'admiration de toute
la poſterité. Enfin noſtre ſiecle a eu ce
bon-heur de voir la Rochelle , place non
moins imprenable par l'opiniaſtreté de ſa
rebellion, que par la force de ſon aſſiette,
obeyſſante au Roy & à S. Pierre. Perſonne ne croira qu'vne ſi auguſte victoire
doiue pluſtoſt eſtre attribuée au bon-heur,
qu'à la vertu : Vous auez monſtré à
l'Europe par vn ſiege de tant de mois,
que ſous vos commandemens, le ſoldat
François ne merite pas moins la loüange
d'eſtre patient à la guerre , que celle
d'eſtre ardent au combat, & de vaincre
ſes ennemis d'vne extréme viſteſſe.
Quant à vous que le mépris des dangers,
& la conſtance dans les incommoditez
& les fatigues a rendu ſi illuſtre , voſtre
armée victorieuſe vous conſacre ſa vie,

& vous augure vn parfait triomphe de l'heresie mourante & abbatuë. L'Eglise souhaitte que cét armet de salut, dont il sēble que le Dieu des batailles defende la personne de V. M. soit orné d'vn si beau diadéme; elle se promet que la tranquillité estant restablie dans l'Empire François, Louïs le Grand & le Victorieux, portera les éclairs & les foudres de sa puissance contre les infideles, pour deliurer cette captiue fille de Sion, qui se souuient encores aujourd'huy au milieu de ses fers, des anciens trophées des François, & qui regarde auec admiration l'éclat de vos armes foudroyantes. Nous prions Dieu qu'il se rende fauorable à nos souhaits, & aux vœux que fait auec nous l'Eglise Catholique.

Ie ne parle point des témoignages de contentement que sa Sainteté donna en cette occasion à son Eminence, pour la part qu'elle auoit

euë aux conseils, & aux soins d'vne
si genereuse entreprise; car entre les
vertus diuines de ce grand homme,
l'on doit auoüer que la moderation
de son esprit est admirable; Il estime
que la gloire de son Prince, est vne
assez haute recompense de ses trauaux illustres, & que ce luy est vn
honneur immortel, d'entendre les
loüanges de Louïs le Iuste, qui par
vn excellent effect de sa pieté, n'a
pas plustost asseuré la reuerence de
son nom, & le respect de sa puissance dans la Rochelle, & dans les
autres villes & forteresses qu'il a re-
duites sous l'obeïssance de ses loix,
qu'il y a restably l'exercice de la Religion Catholique, & l'authorité de
l'Eglise Romaine : Toutes les
actions de cét auguste Monarque
sont autant de preuues de la iustice
de ses desseins; à peine auoit-il

acheué vn siege si fameux, qu'il
conduit au delà des Alpes son armée victorieuse; & quoy qu'il peût
legitimement l'employer à la conqueste des Estats qui ont esté vsur-
pez sur ses Ayeux, & qui sont entre
les mains de possesseurs injustes, il a
preferé la gloire d'assister ses alliez,
& a voulu que ses armes seruissent
à defendre les Princes opprimez, à
rendre aux peuples l'asseurance &
le repos, & mesme à garantir d'op-
pression l'Eglise Romaine. Et
certes la maison d'Austriche ne fust
gueres demeurée sans la faire son
esclaue, & sans luy rauir le patrimoine de sainct Pierre, apres qui
elle souspire il y a si long-temps, si
elle eust estably sa domination dans
le reste de l'Italie. Mais pour
passer à ce qui s'est fait sous l'Empire de Louis le Iuste dans les affai-

res de la paix, i'y trouue plusieurs
choses qui ont merueilleusement
fait éclatter la dignité du Siege
Apostolique. Le tiers Estat de
France proposa dans l'Assemblée
des Estats generaux du Royaume
tenuë à Paris, de faire passer en
force de loy, qu'en quelque cas que
ce fust, les subjets ne pourroient
estre absous du serment de fidelité;
le Clergé & la Noblesse n'estoient
pas d'auis de l'article: L'Illustrissi-
me Cardinal du Perron fist vne
Harangue docte & eloquente,
pour deffendre l'opinion des deux
premiers ordres de cét Estat, le
Roy tres-Chrestien pour appaiser
ce differend, defendit de le mettre
en deliberation, & mesme éuoqua
à son Conseil, & à sa personne la
connoissance d'vne affaire si importante, de peur que la resolution

qu'on

*Année
1614.*

*Harangue
docte &
eloquente
du Cardi-
nal du Per-
ron, pronõ-
cée en la
chambre du
tiers Estat.
Arrest du
Cõseil d'E-
stat du 6.
Ianuier
1615.*

qu'on y prendroit ne fuſt priſe
pour vn prejugé contre le ſentiment des Theologiens eſtrangers,
& que cela ne donnaſt ſujet de mé-
contentement au Souuerain Pontife. Que ſi la pieté de la France a iamais eſté agreable au ſainct Siege,
elle l'a eſté en l'occaſion du traicté
de mariage d'entre Madame ſœur
du Roy, & le Roy d'Angleterre, à
cauſe des auantages qu'il procura
à l'Egliſe : L'Angleterre accorda en
faueur de cetteauguſte Alliance, la
deliurance de tous les Catholiques
Anglois, & la reſtitution de leurs
biens ; & depuis elle a donné toute
ſeureté pour la liberté de conſcien-
ce, & pour l'exercice de la Religion
Catholique. Quelque temps apres
le Pape enuoya ſon Legat en France, pour traicter de l'affaire des Gri-
ſons, l'Eminentiſſime Cardinal

Articles du traicté de mariage, du 20. Nouembre 1624.

année 1625.

G

Legat à proprio latere, ainsi nommé au Concile de Sardique, Canon. 5.

Barberin, Prince en qui la sagesse & la vertu n'éclattent pas moins que la splendeur de la pourpre dont il est orné ; la France pouuoit iustement & auec vn honneste pretexte, retarder vne negotiation si illustre, parce que dans les facultez de la legation, on auoit obmis plustost qu'ó n'auoit dénié à nostre grand Monarque, son titre legitime de Roy de Nauarre ; toutesfois la reuerence que nous portons au sainct Siege, arresta toutes les longueurs, les facultez furent verifiées, & l'on se contenta que le Nonce de sa Saincteté promist d'apporter vn Bref, qui declareroit que cette obmission auoit esté faite sans y prendre garde, afin qu'on ne peût en tirer auantage contre la France. Apres cela on rendist au Legat tous les honneurs qu'on a acoustumé de

rendre en France aux Legats du
Siege Apostolique; le peuple, les
compagnies souueraines, les Magistrats allerent au deuant de luy,
& mesmes les Euesques vestus auec
le mantelet à la Romaine; Monsieur frere vnique du Roy le visita,
le salua, luy quitta la droitte, & le
conduisist auec toute sorte de respect & de dignité iusqu'à l'Eglise
Cathedrale; sa Majesté luy fist vne
reception digne de sa pieté, & de
sa grandeur: Enfin tout le temps
de la legation de France, fust pour
luy vne suitte continuelle d'honneurs & de traittemens magnifi-
ques. Il sortit de ce Royaume *Année*
pour aller faire sa legation en Espa- *1626.*
gne; mais encores qu'il portast les
conditions d'vn traicté où l'Espagne trouuoit ses auantages, elle ne
quitta rien de son orgueil naturel,

& de sa vanité insupportable ; le Legat du sainct Siege n'y rencontra que des esprits superbes & fastueux ; les Infans freres du Roy Catholique refuserent de marcher à sa gauche , & ne le saluerent point ; le Roy ne luy donna point d'autre tiltre que celuy qu'il donne aux personnes vulgaires, & ne luy fist pas le mesme honneur qu'il auoit fait peu auparauant de sa propre inclination & auec excez ; mais peut-estre pour le respect de la Religion, au Prince de Galles heretique : Cette difference de procedé entre la France & l'Espagne, fait reconnoistre la difference de l'honneur que l'vne & l'autre porte à l'Eglise, elle ne nous peut estre que glorieuse, & nous n'aurons iamais de regret d'auoir monstré les premiers comment il faut honorer le

Legat du sainct Siege , & d'auoir
vaincu nos voisins dans vn combat
si illustre.

Mais le Roy Tres-Chrestien n'a
pas seulement eu en grande reuerence la dignité du S. Pere ; il a aussi
reconneu sa puissance , lors qu'il a
deferé au Siege Apostolique le iugement des Euesques accusez du
crime de leze-Majesté. Autresfois
des Iuges seculiers ont faict le procez aux Euesques pour le mesme
sujet, comme l'on apprend par les
Lettres patentes decernées par le
Roy Charles V. en l'an 1378. contre l'Euesque d'Auranche ; & par le
Roy Charles VIII. contre les Euesques de Perigueux & de Montau-
ban , addressantes au Parlement ;
mais Loüis le Iuste par vn témoignage singulier de sa pieté & de sa
clemence , a mieux aymé resta-

G iij

blir la pratique de l'Eglise ancienne, & remettre en vigueur les vieux
monumens de la liberté Ecclesia--
stique. En ces premiers temps les
Euesques estoient iugez par le
Concile des Euesques de la Prouince ; apres cela le souuerain Pontife
y interposa son authorité, il pro-
nonçoit par sentence definitiue,
comme parlent les Canons ; enfin on a obtenu du Pape des Iuges
dans le Royaume commis par sa
Saincteté ; & c'est ce qui s'est obserué en cette derniere occasion, le
Pape a nommé des Prelats pour iuger les Euesques accusez ; & le Roy
par ses Lettres Patentes a ordonné
que leurs iugemens seroient execu-
tez. Ie laisse vn nombre infiny
d'autres preuues que cét auguste
Prince a données à l'Eglise Romaine d'vne veritable affection;

Concile d'Antioche, Canon. 14. Gregoire de Tours, liure 5. de l'histoire, sur le suiet de Pretextatus, Salonius & Sagittarius. Synode de Rheims côtre Eóbon. Pour les iuges deleguez, Gregoire le Grand, liure 10. Epist. 35. le Concile de Latran, 5 & le Concile de Trente.

elle entendist de la bouche du
Mareschal de Crequy Ambassadeur *année 1633*
de France, tant de témoignages
de sa deuotion & de son respect,
lors qu'il luy presta l'obedience
pour sa Majesté, que le grand
nombre en confond ma memoire.

Il ne faut point douter que le
Royaume ne soit de mesme sentiment que le Roy, en toutes les
choses qui regardent l'honneur de
l'Eglise; lors que le Roy est viuant,
tous les subjets sont parfaitement
vnis, & n'ont qu'vne mesme volonté; le Prince par la reuerence
de son authorité, & par la force de
son exemple, remuë comme il luy
plaist les esprits de ses peuples,
comme s'il ne manioit que le cœur d'vn *2. reg. cap.*
seul homme, pour vser des paroles de *19 pag. 14.*
la Verité mesme. Si nous conside-
rons l'Eglise, qui est le premier

G iiij

*Sainct Paul
2. aux Cor.
chap 4.
Concile 5.
general, en
la souscri-
ption, Eu-
tichius par
la miseri-
corde de
Dieu Eues-
que, en la
collation 8.*

ordre de l'Estat, nous y voyons des Prelats qui au lieu que les Euesques se disoient autresfois Euesques par la grace de Dieu, suiuant l'vsage qui commença au premier Concile general, adjoustent maintenant d'vn commun consentement, *Et par la grace du sainct Siege Apostolique*; reconnoissant qu'il n'y a qu'vn Episcopat, & que tous les Euesques qui sont ses membres, sont appellez ensemble à sa possession solidaire & indiuiduelle, comme parle sainct Cyprian. D'ailleurs

*Alexandre
4. en l'Ep.
aux Arche-
uesques &
Euesques
François.*

les Eglises matrices, ou Cathedrales, les grands sieges, pour se maintenir en leur dignité, pour conseruer leurs prerogatiues, pour defendre leurs priuileges, se declarent sujets au sainct Siege, par vne soumission speciale, dont ils tirent toute leur gloire; & comme dit

sainct Irenée, *Ils appartiennent à
l'Eglise Romaine à cause de sa primauté, accompagnée de la plenitude de sa
puissance.* Enfin il n'y eust iamais de
Docteurs dans les Escoles, & de
Predicateurs dans les Chaires; il n'y
eust iamais d'Escriuains, ny en plus
grand nombre, ny plus affection-
nez & plus capables, plus doctes &
plus eloquens, pour defendre &
releuer l'authorité du sainct Siege,
que nous en auons à present parmy
nous. Quant à nostre Noblesse,
quels témoignages de valeur, quelles preuues de generosité n'a-elle
point fait paroistre à la veuë & à
l'estonnement de tout le monde,
sous les enseignes de Louys le Iuste,
pour estendre l'empire de la Foy, &
augmenter l'honneur de la Religion? Nous en voyons de belles
marques de toutes parts, le sang de

tant de Heros, les playes honorables de tant d'illuſtres courages, les
morts glorieuſes de tant de vaillans
hommes, tant de trophées, où ſe li-
ſent les actions immortelles de ces
grandes ames, ſont autant de ma-
gnifiques monumens qui rauiſſent
noſtre ſiecle, que la poſterité regar-
dera auec veneration, & que la memoire des temps conſeruera eternellement.　Enfin qui n'eſt pas remply d'admiration, quand il voit que
le peuple François animé d'vne deuotion ſincere & veritable, ne reçoit aucune choſe auec plus de
ioye, que les benedictions de l'E-
gliſe Romaine : Mais Optatus
iette ſon venin ſur les Magiſtrats,
qu'il comprend ſous le nom de Politiques; car cét homme a l'ame ſi
méchante, & vomiſt ſes médiſan-
ces auec tant de fureur, qu'il ne par-

donne à personne; & que tout ce
que sa patrie a d'illustre, est l'obiet
de ses impostures: Mais si Optatus
est François, il ne peut ignorer
qu'entre les loüanges qui sont deuës
au Parlement, celles-cy sont les
principales, qu'il n'a receu dans son
corps que fort peu de Conseillers
de la Religion Pretenduë Refor-
mée; qu'il ne les a receus qu'aprés
vne longue resistance; & que quelque effort qu'on ait peu faire, il n'en
a receu aucun dans la grand' Chambre; que lors que l'occasion s'est
presentée de defendre la Religion
Catholique, & de venger l'insolence de quelques particuliers de la
nouuelle Religion, il n'a rien obmis de la seuerité des loix; qu'il n'a
pas voulu souffrir que ceux de cette Religion eussent vn College aux
fauxbourgs de Paris, pour instrui-

re la ieunesse ; qu'il a faict receuoir
 dans les villes qu'ils tenoient , les
Predicateurs Catholiques , que les
Euesques y auoient enuoyez ; qu'il
a accoustumé d'assister aux Mes-
ses, & autres prieres publiques , où
l'on inuoque Dieu pour la prosperité du Pape , & du Roy ; que ses
 registres font mention honnora-
ble en diuers lieux du Souuerain
Pontife , & de ses Legats ; & que
quand il a fait quelques Remonstrances , ou pour distinguer les
droicts du Pape & du Roy , ou
pour en accorder les differends , il
s'est quelquesfois soûmis au iugement du sainct Siege : Ie ne doute point que cette auguste Com-
pagnie ne s'y soûmette encores fort
volontiers , & ne soit tousiours
preste de receuoir ses oracles, pour
ce qui touche la doctrine de Iesus-

Chrift, & l'vnité de l'Eglife. Que
refte-il donc, finon que nous nous
prefentions auec cette fincere pieté
& veritable deuotion de l'Empire
François, aux yeux de l'Eglife Romaine, qu'elle reçoiue, qu'elle em-
braffe fa foy, & qu'elle luy donne
les mefmes eloges que le Pape Paul
luy donnoit il y a plus de mil ans,
quand il difoit: *Certainement le nom* Le Pape
Paul en
l'Epiſt. à
Pepin.
de voſtre nation eſt eſleué par deſſus les
generations des autres peuples ; le
Royaume des François répand vne vi-
ue lumiere, qui reſioüit la veüe du Sei-
gneur de l'vniuers, parce qu'il a des Roys
qui ſont les exemplaires de la vraye pie-
té, & les liberateurs de la ſainĉte Eglife
Apoſtolique. Quant à vous, mes bien-
aymez, race de Sainĉteté, royal Sacer-
doce, peuple heureuſement acquis à Dieu,
que le Seigneur d'Iſraël a comblé de ſes
benediĉtions, reſioüiſſez-vous, d'autant

*que vos noms, & ceux de vos Roys sont
escrits dans le Ciel, & que vous ioüirez
eternellement d'vne precieuse recompense, en la presence de Dieu & de ses
Anges.*

Dites-nous maintenant, Optatus, d'où peut venir ce Schisme
qui nous menace, ou plustost
vostre Schisme? C'est bien iustement que ie le nomme vostre
Schisme; car il n'y a rien parmy
nous qui en doiue faire presager la
naissance; la France n'a iamais produit de monstres, c'est l'Espagne
que vous aymez tant, qui est capable de ces infames productions, dignes de vos pensées furieuses: toute la Chrestienté ne voit-elle pas le
monstre que son ambition a en-
gendré il y a desia long-temps,
qu'elle esleue, & qu'elle nourrit
dans son sein ; tout le monde re-

garde auec de sensibles douleurs, &
auec des larmes de sang, le Schisme
perpetuel que la tyrannie sacrilege
de la Monarchie Sicilienne a formé contre le sainct Siege : le Roy
d'Espagne ayant injustement enuahy ce Royaume par la force des
armes, a ioint à la Royauté les
droicts du souuerain Pontificat,
sur le fondement d'vne fausse Bulle
du Pape Vrbain second, qu'vn
certain Lucas Barberius a grossie-
rement fabriquée, & dont la supposition se découure par les propres témoignages des anciens ti-
tres de Sicile : Ainsi le Roy Catholique en vertu d'vn priuilege falsifié,
& malgré la resistance des saincts
Peres, dont les actes de Pie V. & de
Gregoire XIII. sont d'illustres
preuues, pretend que comme Monarque de Sicile, il est Legat perpe-

années 1566. 1571. & 1582.

tuel & neceſſaire de l'Egliſe Romaine; il vſurpe vn titre qui ne
conuient qu'au Souuerain Pontife,
& par vne abominable deſolation
du Temple de Dieu, ſes Iuges & ſes
Magiſtrats ciuils, exercent comme
ſes ſubdeleguez, la juriſdiction
Eccleſiaſtique au for interieur &
exterieur, iugent les appellations
des ſentences données par les Eueſques, rejettent les Legats du ſainct
Siege, defendent de ſe pouruoir à
Rome, & d'appeller à ce Souuerain Tribunal de l'Egliſe, preſident
aux Conciles prouinciaux, prononcent les cenſures, & les leuent
comme bon leur ſemble, excom-
munient, donnent les abſolutions,
enfin font toutes les choſes qui dépendent de la puiſſance Apoſtolique: Et comme leur principal deſſein eſt de butiner auec authorité,

ils

ils pillent impunément ce qui appartient à l'Eglise ; ils emportent,
ils rauiſſent les biens des Eccleſiaſtiques, ils s'en emparent ſous vn
nom fort conuenable, à ſçauoir
ſous le nom de dépoüilles, parce
qu'ils en dépoüillent le Clergé.
O volerie Catholique ! ô pieux &
ſainct brigandage ! & pour dire
tout, ô Schiſme monſtrueux, &
d'autant plus déplorable, qu'il ne ſe
déguiſe point, & qu'il ſe monſtre à
découuert comme en l'appareil d'vn
triomphe : C'eſt contre ce Schiſme
que le Cardinal Baronius perſonnage de rare ſainteté, & de doctrine eminente, a fait cette iuſte
plainte : *Que direz-vous à cela, mon*   *Baronius,*
année 1097
Lecteur, ſinon qu'au lieu que tous les
fideles n'ont iamais reconneu qu'vn ſeul
Monarque, vn ſeul chef viſible en
l'Egliſe, il s'eſt eſleué vn autre chef de

l'Eglise dans la Monarchie de Sicile, qui s'est introduit comme vn monstre dange- reux, & vn funeste prodige. Certes, Optatus, si vous estiez si animé contre les Schismes, si vous auiez tant d'ardeur de les combatre, vous deuiez éprouuer vostre valeur con- tre celuy-cy, qui offence & qui outrage si sensiblement l'Eglise; mais comme vous manquez de cœur, & que vous ne cherchez pas de veritables ennemis, vous auez mieux aymé attaquer vn faux Schisme en France, qu'affronter vn vray Schisme en Sicile; vous laissez vn corps pour combatre vne om- bre, si ce n'est peut-estre, que vous vouliez tirer vn vray Schisme, du faux Schisme dont vous taschez de deshonorer la gloire de vostre patrie.

En effet il y a diuerses sortes de Schismes, c'est vn Schisme lors

que le corps se separe du chef, ou
que les membres se separent du
corps ; nous auons monstré que
nous ne tombons point dans cette
faute : C'est encores vn Schisme si
le chef se desunit d'auec ses membres ; car comme dit le genereux
Apostre, *La teste ne peut dire aux*
pieds, vous ne m'estes point necessaires.
Nostre sainct Pere ne pense pas à
faire vne si funeste diuision, mais
vous-vous efforcez de l'y porter, en
nous accusant calomnieusement
deuant son Tribunal, d'auoir intention de former vn Schisme.
Enfin il y a vne troisiéme espece de
Schisme , quand les membres se
mutinent les vns contre les autres,
qu'ils taschent de s'entre-deschirer,
& de s'entre-destruire ; & c'est,
Optatus, le bel ouurage que vous
auez entrepris ; vous voulez mettre

Genereux
Apostre.
Clement
Alexãdrin.
S. Paul 1.
aux Corint.
chap. 12.

dans vn funeste diuorce le peuple,
les Magistrats, les Grands, les Princes, les Euesques, & enfin tous les
François ; vous voulez que deue-
nans tous furieux comme vous, ils
fassent vn sanglant carnage de
toute la France, qu'ils perissent par
vne desolation generale, que leur
patrie perisse auec eux, & qu'elle
s'enseuelisse sous les mesmes ruïnes
dont ils seront acablez : Cette sorte
de Schisme que le Pape Celestin
nomme vne guerre intestine, vne
guerre de citoyen contre citoyen,
est principalement à craindre,
comme dit le mesme Pape ; *Lors*
qu'on allume les flammes d'vne super-
stition impie dans vne grande ville, ou le
sejour d'vn puissant Monarque attire
du monde de toutes parts, & dans l'E-
glise, où est le sejour du Dieu viuant.
Cependant Optatus a fait vne en-

Le Pape Ce-
lestin, en
l'Epistre à
Iean Euef-
que d'An-
tioche, en la
1. partie du
Concile
d'Ephese.

treprife fi criminelle dans la ville
capitale du Royaume, dans le cœur
de fa patrie, & enfin dans le fein
de l'Eglife, où il a tafché de mettre
le trouble & la diuifion, d'émouuoir & d'armer les Pafteurs contre
les Pafteurs, les Euefques contre les
Euefques, la Hierarchie contre la
Hierarchie : Il a ietté des femen-
ces de difcorde entre les Prelats, il
a remply les efprits de deffiances &
de foupçons ; il a mefme reprefenté
aux Euefques, *que l'on a follicité quel-*
ques-vns d'entr'eux de fe rendre fauo-
rables aux deffeins des mefchans, que
l'on a éprouué leur conftance & leur re-
folution ; que ce font des chiens qui n'ab-
boyent pas quand ils entendent les lar-
rons ; qu'ils font fondus dans l'oyfiueté,
& que les inuafions de l'ennemy ne les
éueillent point. Enfin il a parlé à eux
comme a des perfonnes qui feront
H iij

bien-tost en estat de se regarder
auec des sentimens d'auersion & de
haine, & d'apprehender qu'ils ne
voyent leur ennemy en voyant leur
frere.   Mais, Optatus, s'il vous reste encores quelques estincelles de
cét esprit qui a découuert tant de
secrets, ie vous conjure, i'interpelle
vostre conscience , nommez-moy
vn seul Euesque entre tous les Euesques de France, qui puisse dire qu'il
ait iamais esté sollicité d'entrer dans
la conspiration d'vn Schisme ; parlez, ou prenez la plume encore vne
fois, ou si vous ne faites ny l'vn ny
l'autre, auoüez que vostre silence
est vne confession de vostre crime.
Dites-moy, qui est celuy que vous
accusez d'auoir sollicité les Euesques pour les porter au Schisme?
ou s'ils ont esté sollicitez , quel
auantage on leur a fait esperer,

quelle difgrace on leur a fait craindre? Il faut que l'vne ou l'autre de
ces deux paffions ait efté employée
pour gaigner leurs efprits : Si on
leur a donné des efperances, fi on
les a preffez par l'image de quelque
crainte, il faut qu'vne Puiffance
ait agy; mais que ce foit vne puiffance fuperieure, qui foit capable
toute feule de les faire efperer, & de
les faire craindre; il faut donc que
ce foit le Prince ou fon principal
Miniftre: Mais mefchant que vous
eftes, miferable qui auez la langue
double, qui portez fur les levres la
fraude & la tromperie, qui mon-
ftrez vn cœur & en cachez vn autre, qui auez vn bon & vn faux
poids, quoy que voftre témoignage ne foit pas, receuable, & que
vous foyez eftimateur trop injufte
d'vne vertu fi éminente, vous auez

H iiij

toutesfois opiné pour ce grand homme, & vous auez declaré que vous ne le tenez point pour Autheur de voſtre Schiſme imaginaire : Ainſi vous-vous mocquez du Ciel, vous penſez que vos fourbes éblouyront les yeux de tout le monde, vous voulez tromper voſtre patrie, vous mépriſez les puiſſances legitimes, vous outragez de vos blaſphemes la Majeſté de voſtre Prince, vous iettez le diuorce dans l'Egliſe, vous diuiſez la robbe de Ieſus-Chriſt ; *La langue du meſchant bleſſe comme vne Panthere, & reſpand la mort de toutes parts.* Certes, Optatus, vous nous eſtes vne effroyable perſecution, comme quelqu'vn des ſaincts Peres diſoit d'Andronicus ; & toutesfois vous ne laiſſez pas auec voſtre langue temeraire de nous menacer, & de nous

En l'Eccl. chap. 28.

faire de malheureux presages , de
persecutions , d'exils , de prisons , d'empoisonnemens , de morts sanglantes , de
gibets & de roües ; vous adjoustez
auec vostre style déplorable ; *Vous
serez bien-heureux , & ce sont les biens
qu'Optatus vous souhaitte.* Ce sont là
sans doute de beaux souhaits , &
bien dignes du nom d'Optatus ;
tous ses presages sont funestes, ses
vœux sont des imprecations, ses
prieres & ses paroles sont des male-
dictions furieuses.   Dites-nous
en quelle contrée , en quel siecle ,   les Euesques ont souffert
à cause de la Religion , sous le
regne des Roys tres-Chrestiens,
vos exils, vos prisons, vos empoisonnemens? en quelle contrée,
& en quel siecle ils ont esté mis sur
vos gibets, & sur vos roües? Vous
pensez , peut-estre , viure sous l'Em-

pire effroyable de Decius ; mais
allez chercher hors de noſtre France ces furieux tyrans , que S. Cyprian nomme elegamment les
moiſſóneurs de l'Antechriſt: Comme nous viuons heureux ſous l'authorité de noſtre excellent Monarque, nous viuons auſſi pour ſa Majeſté ; au contraire vous eſtes ſi dé-
naturé que vous ne viuez que pour
nos ennemis ; vous eſtes infidele
à voſtre patrie, vous l'abandon-
nez, vous la combatez de toutes vos forces ; mais quant à
nous, nous conjoignons l'amour
de noſtre patrie auec l'obeyſſance
que nous deuons à l'Egliſe, en em-
braſſant noſtre patrie, nous embraſ-
ſons auſſi l'Egliſe, & nous-nous
monſtrons Catholiques par la doctrine, Apoſtoliques par vne fer-
meté ineſbranlable , & Romains

S. Cyprian,
Epiſt. 22.

par le soin que nous auons de conseruer l'vnité; Dieu connoist nos
cœurs, & le Souuerain Pontife,
image de Dieu en terre, est persua-
dé de nostre sincerité; c'est pourquoy à l'exemple de ce que les Euefques François escriuoient autres-
fois au Pape Leon, *Nous remercions* *Rusticus,*
Dieu incessamment, & dans nos prieres *Venerius,*
nous luy rendons des actions de graces *& autres*
continuelles, de ce qu'il a donné au Siege *Euesques,*
Apostolique, qui est la source & l'origi- *au Pape*
ne de nostre Religion, vn Pontife si *Leon I.*
pieux, & de si éminente doctrine, &
nous le supplions de nous conseruer lon-
gues années vn Prelat si necessaire, pour
la gloire du ministere Apostolique, &
pour l'edification de l'Eglise.

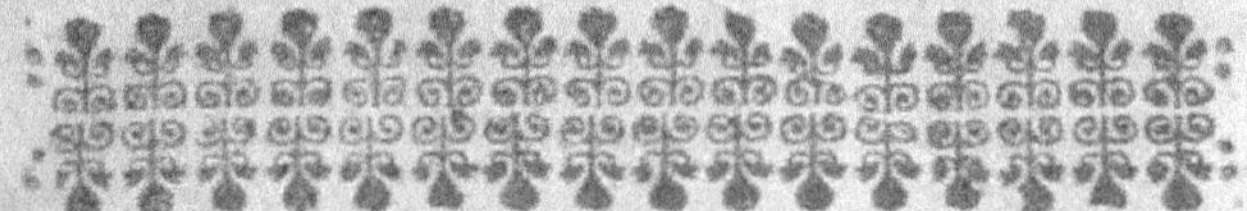

DV LIVRE D'OPTATVS,

Page 9. & 12.

TOVT reſonne de la venuë d'vn Patriarche, c'eſt à dire d'vn larron, ou d'vn Phantoſme de la dignité Pontificale dans le Royaume de France; le bruit court que l'on eſt ſur le poinct de dénier la reuerence au Souuerain Pontife, de ſe ſeparer de ſon obeyſſance & de ſa communion, & de le traicter en ennemy; on dit par tout qu'il luy faut oſter le droit d'inſtituer les Eueſques, encores que ce ſoit vn droit Apoſtolique; que les Prelats des Egliſes, ou les Eueſques, doiuent eſtre formez, ou pluſtoſt créez, non pas par la voye ancienne des élections, dont le nom meſme leur déplaiſt; mais

par l'authorité, c'est à dire par la grace
Pseudo-Apostolique de ce Patriarche,
dont la puissance, non seulement inoüye
& nouuelle, mais horrible & detestable
parmy les François, est éuidemment contraire au droict diuin.

Page 10.

S'Il est permis de considerer la fidelité de l'Eminentissime Cardinal
Duc de Richelieu enuers l'Eglise, son
affection ardente enuers le Souuerain
Pontife, qui l'a mis au nombre des Princes de l'Eglise, luy a donné la dignité de
Cardinal, luy a accordé tant de graces,
d'honneurs & de priuileges; & enfin si
l'on iette les yeux sur sa conduitte admirable au gouuernement de l'Estat, qui
rauit tout le monde d'estonnement; on ne
peut dire parmy nous, ou vray semblablement, ou seurement, d'où vient cette

horrible calamité qui menace noſtre France.

Page 37.

R'Appellez dans voſtre memoire la face triſte & déplorable de l'Egliſe au temps du dernier Schiſme, qui durant l'eſpace de quarante ans a ſi déplorablement déchiré le corps de Ieſus-Chriſt, qu'en vn meſme temps on voyoit deux ou trois Papes, qui tenoient leurs ſieges en diuers lieux, diuiſoient & en la Religion, & en la communion, l'Italie, la France, & l'Eſpagne, au grand eſtonnement de toute la terre. Si vous cherchez l'origine de ce Schiſme, vous trouuerrez qu'il a pris naiſſance d'vne parole vn peu ſeuere, dite hors de ſaiſon, par le Pape Vrbain VI. Prelat de mœurs ridiges & auſteres, à l'vn de ſes Cardinaux, François de nation, Eueſque d'Amiens, principal miniſtre du Roy Char-

les V. de sorte que la vengeance d'vn
Cardinal attira sur l'Eglise cette horrible calamité; le Pape ayant reproché à
ce Cardinal, qu'il s'estoit laissé corrompre par argent, en traictant la paix
auec les Anglois; il s'emporta aussi-tost
contre le Souuerain Pontife, & le ca-
lomnia face à face par vn insolent mensonge; apres cela, pour se garantir du
chastiment qu'il meritoit, il emmena à
Anagnie, & depuis à Fundy les Cardinaux François, qui estoient en plus
grand nombre que les Cardinaux Ita-
liens, & qui ne pouuoient souffrir qu'à
peine la seuerité d'Vrbain; ils furent
protegez par Ieanne Reyne de Naples;
& sous son authorité, sur ce qu'ils alleguoient que l'election d'Vrbain auoit esté
forcée; trois mois apres son assomption
au souuerain Pontificat, ils éleurent vn
autre Pape nommé Clement, & se retirerent en Auignon auec luy. Vous donc
deuenus

deuenus sages & vigilans par l'exemple du passé , & par la connoissance
des maux qui ont autresfois affligé le
Christianisme , employez tout ce que
vous auez de foy, de charité, de sagesse,
& de courage , pour maintenir l'vnité
de l'Eglise , pour garder le respect & la
reuerence à la Chaire de sainct Pierre,
& conseruer cét honneur que vous a
acquis l'ancienne deuotion des François
enuers le Siege Apostolique.

LIVRE III.

DE LA RESVERIE
du Patriarchat.

QVAND vne ame superstitieuse s'est vne fois faussement persuadée qu'elle a le don de predire l'aduenir, elle ne se repaist plus que de folles illusions, & de vaines chimeres; sa fantaisie luy fournit des visions, qu'elle debite hardiment quelques absurdes qu'elles soient; elle pense auoir assez d'adresse & d'artifice pour les insinuer dans les

esprits, & s'imagine mesme qu'il y
a quelque puissance extraordi-
naire, & quelque vertu cachée qui
la fait agir, & qu'auec cette assistance elle ne manquera iamais de
vigueur & de force, pour mettre en
credit ses extrauagances. Optatus
Gallus a passé dans le discours precedent pour vn fort mauuais &
fort malheureux Augure; maintenant il change de visage, il se
presente pour donner cours à ses
resueries, & nous apporte d'autres
denrées, que le diuin Prophete
nomme *fausses impressions*, *& folles
faillies*. Et certes il n'a peu veoir vn
Patriarche François, si ce n'est en
dormant, ou il faut auoüer qu'il
sommeille lors qu'il est éueillé; &
peut estre que la folie luy a tellement offusqué la raison, qu'il croit
serieusement qu'il nous fera rece-

Lamentat.
de Hiere-
mie, ch. 2.

uoir ſes ſonges, & que nos yeux
quelques ouuerts & illuminez
qu'ils ſoient, les prendront pour
des veritez. Telle eſt la viſion des
faux Prophetes, comme eſtoit celle de Montanus, qui ſe vantoit, *que
de tous les hommes il n'y auoit que
luy qui veilloit, & qui eſtoit eſclai-
ré des lumieres diuines, qu'il voloit iuſques dans le Ciel, & qu'il frappoit les
hommes comme vn archet touche vn in-
ſtrument de muſique, pour en tirer le ſon
& l'harmonie:* Vanité ridicule que
ce perſonnage exprimoit par des
paroles ſi obſcures & ſi mal ordonnées, qu'elles en faiſoient toutes
ſeules reconnoiſtre l'extrauagance,
comme a remarqué S. Epiphane.
Le ſtyle d'Optatus eſt ſemblable à
celuy-la, il a vne elocution toute pareille, quand il dit que les Eueſques
ſont couchez, endormis & ſaiſis

S. Epiphane in Cataphrigas.

Optat. page 11.

d'épouuante ; qu'il est le seul qui
veille, & qui vole de toutes parts,
pour les exciter d'vn si profond
sommeil, pour les aduertir de leur deuoir, pour les exhorter de s'armer có-
tre ce prodige qui les menace, enfin
pour les presser de s'opposer promptement au Patriarche qui vient, &
qui desia frappe aux portes de l'E-
glise. Ainsi Optatus est vne Oye fauorable, qui fait sentinelle au lieu
des chiens qui sont muets, pour
vser de ses termes : mais de peur que
ses discours ne trouuent pas assez de
creance dans les esprits, il expose
aux yeux ce Patriarche auec tous
ses traicts, & toutes ses couleurs, &
le figure aussi hardiment que s'il
l'auoit veu en plein midy : *C'est,
dit-il, vn larron, ou vn Phantosme du
souuerain Pontificat, que les Politiques
qui ont vn Clergé disposé à la seruitude,*

*Optat. page
9. & pa-
ge 27.*

sont prests de consacrer, pour auoir l'administration absoluë des choses Ecclesiastiques, & pour distribuer en abondance, comme vn Antechrist, les richesses, les honneurs, & les dignitez à ses partisans; les infamies, les injures, les pertes de biens, les exils, les supplices, & toute sorte de maux à ses ennemis.

Voyons maintenant auec quel esprit, quel iugement, & quelle sincerité ces chimeres ont esté inuentées, & exposées à la veuë du monde: Et certes c'est chose nouuelle, & qui n'a point d'exemple dans tous les siecles de l'Eglise, qu'vn Prelat qui n'est point Patriarche, en se souleuant contre le Pape, se reuoltant contre sa puissance, & se separant de sa communion, establisse vn siege contre le siege de Rome, sous le nom de Patriarchat. L'Eglise a veu les Nouatians, les

Vrsicins, les Eulalies, & plusieurs
autres Schismatiques, iusques à Benoist XIII. Espagnol ; mais ils
n'ont point affecté le titre de Patriarches, leur ambition a pris vn
vol plus haut, ils se sont éleuez tout
d'vn coup à la dignité supreme de
Souuerain Pontife, & vsurpant le
nom de Papes, ils se sont assis dans
la Chaire de S. Pierre, ou ont voulu que leur Chaire receust les honneurs qui ne sont deubs qu'au premier Siege. L'Eglise presque en
naissant a eu trois grands Patriarches, celuy de Rome, celuy d'Alexandrie, & celuy d'Antioche ; ils
estoient tous trois Patriarches de
nom & d'effet, de titre & de puissance. On y en a adjousté deux
autres, celuy de Hierusalem n'auoit
au commencement que le nom &
le rang de Patriarche ; il n'en auoit

*S. Cyrille
en l'Epist. à
Celestin.
Actes du
4. Concil.
Nicol. 1.
sur le con-
sult. de Bul-
gares.
Concil. de
Nicée, Ca-
non 7.*

pas la iurisdiction, & estoit soufmis
à celle du Metropolitain de Cesa-
rée, & du Patriarche d'Antioche.
Celuy de Constantinople est venu
apres, & s'est glissé dans le nombre
des Patriarches ; mais enfin il a enuahy la seconde place. L'on peut
remarquer en passant que ces Patriarches ne sont point nommez
Patriarches dans tous les Canons
des Conciles, qui establissent leur
dignité, leur puissance, & leur rang ;
mais seulement Euesques ou Ar-
cheuesques, comme au Canon du
Concile de Nicée, où nous lisons:
Que l'on obserue les anciens vsages, &
que l'Euesque d'Alexandrie ait sous sa
puissance ceux d'Egypte, de Libie, &
de Pentapoli, parce que telle est aussi la
coustume de l'Euesque de Rome. Ainsi
au Canon du 2. Concile de Constā-
tinople : *Que l'Euesque de la ville de*

Concile de Chalced. sur la fin. S. Leon Ep. 51. S. Gregoire, liu. 6. epist. 1.

Concile de Nicée, Canon 6. & 7.

Constantinople ait les prerogatiues d'honneur apres l'Euesque de Rome, parce que Constantinople est la nouuelle Rome. Le Canon que l'on fist par surprise au Concile de Chalcedoine, & qui assigne ambitieusement le second rang de l'Eglise immediatement apres l'Euesque de Rome, à l'Euesque de Constantinople, sous le nom d'Archeuesque, ne fait point mention du titre de Patriarche. Le Canon xxxvj. du Concile *in Trullo*, ne l'employe point non plus, & il ne me souuient point de l'auoir leu dans les Canons des Conciles, auant le huictiéme Synode: Mais pour reuenir à mon sujet, ie dis que plusieurs d'entre ces grands Patriarches ont attaqué le Pontife Romain Euesque des Patriarches. Ie laisse la les Nestoriens, les Dioscores, & autres qui ont

heurté sa dignité par esprit d'heresie ; ie viens à ceux qui se sont
sousleuez contre l'Euesque de Rome, par esprit de schisme & d'ambition, pour luy disputer la primauté
de son Siege, comme Anatolius,
Iean le Ieusneur, Photius, & plusieurs autres ; ils estoient Patriarches, & soustenoient non seulement par erreur d'esprit, mais aussi
par vanité & par orgueil, que toutes les chaires des Patriarches *Balsamon,*
estoient égales, & ainsi que l'E- *liu. 7. du*
glise estoit vn corps qui auoit cinq *droit Orien-*
chefs. Et certes l'Euesque de Con- *tal.*
stantinople n'eust iamais vsurpé le
nom de Patriarche Oecumenique,
& n'eust iamais si orgueilleusement
pretendu que son Siege deuoit *Can. 28 du*
ioüir des mesmes honneurs que le *Concile de*
Siege de Rome, s'il n'eust creu *Chalced.*
auoit droict au nom & à la dignité *fait par sur-*
prise.

de Patriarche: Et si l'Archeuesque
d'Alexandrie n'eustpoint esté assis
dans vne chaire Patriarchale, il
n'eust iamais esté honoré de ces
vaines acclamations : *Que Dieu*
donne plusieurs années au tres-sainct
& tres-heureux Patriarche d'Alexan-
drie, nostre Pere souuerain, & nostre
Maistre; Pere des Peres, Pasteur des
Pasteurs, treiziéme Apostre, & Iuge
de tout le monde. L'Histoire ne remarque point qu'aucun Primat, aucun Metropolitain, aucun Archeuesque, aucun Euesque, non pas
mesme de ceux que par vn mépris
insolent de l'Euesque de Rome,
on nommoit, *seuls chefs & Pa-*
steurs independans, ait estably vn
nouueau Patriarchat en Orient.
Quant à l'Occident, peut-on nommer quelque Euesque qui y ait pris
le nom, & vsurpé l'authorité de

Patriarche, contre le nom & l'authorité du Pape ? Les Euesques
mesmes de Rauenne Maurus, &
Reparatus, qui s'emporterent à vn
si estrange orgueil contre le Sou-
rain Pontife de Rome, & qui se firent temerairement soustraire de sa
puissance par vn rescrit de l'Empereur, ne penserent iamais à s'attribuer le nom & la dignité de Patriarches. Ainsi en Allemagne, en
Hollande, en Angleterre, & en
tous les autres païs ennemis de l'E-
glise Romaine , nous ne voyons
point qu'on ait estably de Patriarches en la place du Pape. A la verité
Albert de Breme, ou de Hambourg,
desiroit passionnément ce titre,
mais il le vouloit tenir du S. Pere, &
ne pretendoit pas l'employer contre
son authorité. On trouue en Espagne vn Alfonse Carillo, qui a vou-

lu s'attribuer la dignité Patriarchale: *Nous*, dit-il, *que la grace de Dieu
a esleué, encores que sans merite, à la
puissance du Primat dans la Chaire Patriarchale de Tolede, & dans toutes les
Prouinces des Espagnes.* Mais a on iamais oüy parler en France d'vn
Patriarche schismatique? que si l'on
dit que le Concile de Mascon a ordonné que l'Archeuesque de Lyon
seroit nommé Patriarche, & si l'on
adjouste que l'Archeuesque de
Bourges prend ce titre, il n'y a rien
en cela qu'on nous puisse iustement obiecter; car ces petits Patriarches ne sont autre chose que
d'illustres Primats, qui reconnoissent le Souuerain Pontife de
Rome, auec toute sorte de témoignages d'honneur & de reuerence,
comme le Vicaire de Iesus-Christ
comme leur Pasteur, & leur Iuge.

Du Val au
traicté de la
puissance du
Pape, cite le
Concile de
Mascõ sous
le Roy Gon-
tran, mais ie
ne l'ay point
trouué.
Socrate liu.
5. ch. 8.
Les actes
du 1. Conc.
de Lyon.
Gregoire 7.
liu. 2. ep. 59.
Patriarche
& Primat
mesme
charge au
Can. Pro-
uincie,
dist. 99.

D'ailleurs la France la premiere de toutes les nations de toute la Chreſtienté, a prononcé l'anatheme contre l'Archeueſque de Spalate, qui au iugement de tout le monde eſtoit le plus dangereux de tous les heretiques. La Sorbonne par vne iuſte cenſure a condamné ſa doctrine, qui entr'autres choſes propoſoit l'eſtabliſſement de pluſieurs Patriarches en Occident, en ces termes : *L'Egliſe Gallicane pourroit commodément reconnoiſtre pour ſouuerain Patriarche l'Archeueſque de Lyon ſon Primat, ou quelqu'autre Prelat; les Eſpagnes celuy de Tolede; l'Angleterre, l'Eſcoſſe, & l'Hibernie celuy de Cantorbery; l'Allemagne celuy de Mayence, ou vn autre; la Hongrie, la Croatie, l'Eſclauonie, la Boſſene, celuy de Strigonie; la Pologne, la Liuonie, la Ruſſie celuy de Vilne, ou vn autre; la Dalmatie, &*

Cenſure de la Faculté de Paris, du 15. Decembre 1617. contre Anthonius de Dominis. Anton. de Dominis, liu. 3. de la Republ. Chreſt.

l'Istrie celuy de Venise; l'Estat de Veni-
se en Italie celuy d'Aquilée; les Mila-
nois, le Piedmont, & les Grisons celuy de
Milan; l'Italie & la Sicile, la Corse &
la Sardaigne celuy de Rome, & ainsi des
autres. Ie ne veux pas rapporter les
raisons absurdes & seditieuses, dont
cét homme, qui a depuis abiuré
son erreur, se seruoit pour appuyer
vn conseil si pernicieux; c'est assez
d'auoir remarqué que les premiers
coups de foudre, dont son heresie a
esté abbatuë, ont esté lancez par
l'Eglise Gallicane. Apres cela peut
on dire que nostre France ait quelque inclination de consacrer vn
Patriarche? non certes, & c'est
pour ce sujet que nous voyons
dans ce Royaume vn si grand
nombre de Primats; nous auons les
Primats de Rheims, d'Arles, de
Vienne, de Lyon, d'Aquitaine, de
Sens,

Sens, & quelqu'autres ; mais l'Eglise de France ne s'est iamais soufmise
toute entiere à auctin de ces Prelats,
sinon lors que le Souuerain Pontife
en a fait ses Legats, & qu'il a con-
feré cét honneur plustost au merite
de leurs personnes, qu'à la dignité
de leurs sieges ; comme quand le
Pape Vigilius a commis Auxanius
& Aurelian ; le Pape Pelagius, Sa-
paudus ; le Pape Gregoire, Vigilius, Euesques d'Arles, pour l'exercice du ministere Apostolique par
toute la France. De là vient que
dans les Conciles Nationaux de ce
Royaume, aucun des Archeues-
ques n'auoit droict de Presider
par le priuilege de son siege, & que
le plus souuent on procedoit à l'é-
lection de celuy qui deuoit y tenir
la premiere place ; ainsi Leontius
Archeuesque de Bordeaux presida

Concile 4.
d'Orleans.
de l'an 541.

Conc. 4. de
Paris, de
l'an 573.

Conc. d'Ag-
de, sous
Clouis, de
l'an 506.

au quatriéme Concile d'Orleans, en la presence de Flauius Archeuesque de Roüen, qui auoit la prerogatiue de l'antiquité sur luy; ainsi au quatriéme Concile de Paris, Philippes Archeuesque de Vienne presida en la presence de Priscus Archeuesque de Lyon, & de Constitutus Archeuesque de Sens. Que si l'vn des Prelats François assistans au Concile estoit Legat du Souuerain Pontife, on luy deferoit sans contredit la primauté, comme au Concile d'Agde, où presida Cæsarius Archeuesque d'Arles Legat du sainct Siege; neantmoins les Legats du Pape n'acceptoiér pas tousjours la charge de presider, & nous voyons que Sacerdos Archeuesque de Lyon, presida au cinquiéme Concile d'Orleans, quoy qu'Aurelian Archeuesque d'Arles, Legat du

sainct Siege, y fut present; & toutesfois ce droict a tousiours passé
pour vne des prerogatiues du Legat du Souuerain Pontife. Il paroist donc éuidemment que l'Eglise Gallicane a prudemment euité
les choses qui pouuoient contri-
buer à la creation d'vn Patriarche,
ou d'vn Primat de toute la France:
Et certes si quelqu'vn aspiroit
maintenant à cette authorité souueraine dans l'Eglise de ce Royaume, ie ne doute point que les Euesques François ne luy obiectassent
ce que S. Leon Pape disoit contre
le Patriarche de constantinople:
C'est vn orgueil insupportable, & vne
ambition demesurée, que de vouloir pas-
ser au delà des bornes legitimement esta-
blies, & au mépris de l'antiquité entrepré-
dre sur les droicts de ses freres, disputer à
tant de Metropolitains leur dignité, pour

Iean 8. en
l'epist. à
Rostagnus
Euesque
d'Arles.

S. Leon en
l'epist. à
Pulcheria;
voyez aussi
Gelase
epist. 13.

augmenter celle d'vn seul Euesque, &
enfin ietter le trouble & la diuision par-
my des Prouinces paisibles, & qui vi-
uent en tranquillité sous le gouuernement
iuste & moderé des Synodes.

Ainsi qui nous peut causer ce
mal qu'Optatus nous annonce?
d'où peut venir ce Patriarche, que
l'illusion d'vn songe luy a repre-
senté, en estat de se monstrer bien-
tost, & de paroistre tout d'vn coup
comme vn Phantosme qui sort
d'vne machine. Certes les raisons
qu'il employe pour persuader que
l'on doit se garantir de cette nouueauté, suffisent pour faire connoistre que l'on n'a nul sujet de la craindre. *Ce Patriarche, dit-il, que l'on*
attend, par qui sera-il enuoyé? Il ne re-
ceura pas sa mission immediatement de
Dieu, comme vn autre sainct Iean; il
ne la receura pas aussi mediatement par

le ministere de l'Eglise ; car qui luy donneroit la mission, ce ne seroit pas son inferieur, parce qu'vn inferieur n'a pas la puissance de la donner ; ce ne seroit pas son superieur, car il n'en reconnoistra point : Mais peut-estre que le Synode de tous les Euesques François luy conferera l'authorité Patriarchale sur l'Eglise Gallicane, toutesfois comment donneroit-il ce qu'il n'a pas ? En verité, Optatus, vous-vous égarez dans vos resueries contre voſtre propre deſſein, & vos raiſonnemens vous éloignent de voſtre but ; mais nous voulons tirer de vos extrauagances quelques veritez importantes. Ce Patriarche fatal que vous figurez auec vne puiſſance ſi abſoluë, ne receura ſon authorité ny de Dieu, ny de l'Egliſe, ny du Pape, ny du Synode, c'eſt à dire du Clergé, ny du Roy, comme vous auez recon-

neu auparauant, il ne la receura
donc de personne : Mais direz-vous,
il n'en receura point de legitime,
& celle qu'il exercera sera illegitime
& tyrannique.   Prenez garde,
Optatus, il n'y a personne qui puisse vsurper vne puissance injuste sur
plusieurs, s'il n'est appuyé sur la
protection & sur l'assistance de
plusieurs. Qui fauorisera ce Patriarche ? qui aydera à son establissement ? qui l'esleuera dessus nos testes ? *Les Politiques*, dites-vous, *qui*
ont vn Clergé disposé à la seruitude.
C'est icy que les visions d'Optatus
se redoublent, que ses resueries
multiplient ; Il voit en France vn
nouueau peuple, de nouueaux citoyens, qui tiennent le timon d'v-
ne puissance Aristocratique, & qui
sans écouter les plaintes du Souuerain Pontife, contre la volonté du

Optat. pag.
29.

Roy, malgré la sagesse du Conseil
de sa Majesté, & la resistance du
Clergé, peuuent en vn moment
renuerser les fondemens de cét
Empire, destruire la Religion, opprimer l'Eglise. Certainement cette
armée de Politiques qui doit paroistre en vn instant, ne subsiste que
dans les visions d'Optatus, & n'est
autre chose qu'vne illusion de son
esprit malade, qui prend en dormant les ombres que son cerueau
affoibly luy presente, pour des compagnies de gens de guerre. En
effect qui croira que sous vn Prince si pieux, & si puissant, il y ait des
Politiques qui commandent absolument, & dont les volontez soient
les regles de toutes choses, s'il n'ad-
uouë en mesme temps que ce Monarque si genereux a esté contraint
de receuoir la loy de ses ennemis?

Qui croira que l'Eglise soit en captiuité sous le regne d'vn si grand
protecteur de la Religion, s'il ne
l'accuse de lascheté, ou ne luy reproche d'auoir perdu tous les sentimens de pieté, apres en auoir donné de si belles marques? Voyez,
Optatus, ce que vous faites,
& quelle enuie vous attirez sur
vous mesme; vous ne soupçonnez
pas seulement, mais vous condamnez absolument ceux que vous
auez voulu persuader estre exempts
mesme du simple soupçon du
Schisme. Dissimulez tant qu'il
vous plaira, ce n'est pas le peuple,
ce ne sont pas les Magistrats, ce
n'est pas la Noblesse, ce ne sont pas
les Cheualiers des Ordres du Roy,
que vous faites autheurs d'vn si malheureux conseil; vous vous en prenez au gouuernement present de

cette Monarchie : C'eſt dans ce
ſentiment que vous eſcriuez ces paroles ſi pleines de froideur : *S'il eſt
permis, dites-vous, de conſiderer la fidelité de ſon Eminence enuers l'Egliſe,
& ſon affection enuers le ſouuerain Pontife, l'on ne peut dire ou vray ſemblablement ou ſeurement, que ce ſoit de ce coſté
là que cette calamité doit tomber ſur nous:*
Mettons la main dans le trou de
l'Aſpic, comme dit le Prophete, &
tirons-en adroitement le ſerpent de
la mediſance; que veut dire cette
propoſition hypothetique, pour
parler en termes d'Eſcole ; *S'il eſt
permis de conſiderer?* que veulent encores dire ces termes diſionctifs, *ou
vray ſemblablement, ou ſeurement?* Le
ſens de ce diſcours eſt qu'encores
que ſelon la penſée d'Optatus on
puiſſe dire vray ſemblablement que
c'eſt ſon Eminence qui doit nous

Optat16,
page 19.

ietter dans ce malheur, on ne doit
pas toutesfois le dire, parce qu'on
ne peut le dire seurement, & qu'on
ne peut sans peril escrire contre celuy qui peut vser de l'authorité de
la Iustice, pour enuelopper ses ennemis dans de malheureuses pro-
scriptions. Certes si ces paroles vous
estoient si agreables, vous deuiez
dire, *ny vray semblablement, ny seure-*
ment, ou plustost encores qu'on le peût
dire seurement, on ne peut toutesfois
le dire vray semblablement. En effect
s'il y eust iamais chose contraire à
la verité, s'il y eust iamais resuerie
absurde, c'est sans doute que son
Eminence ait en l'esprit de procurer à sa personne, ou à quelqu'autre
le Patriarchat de l'Eglise Gallicane, & mesme qu'vne nouueauté si
pernicieuse soit vn de ses souhaits;
car si l'on examine sa vie, comme

font ordinairement ſes ennemis, il
ſe voit eſleué à vn poinct de grandeur, où les brigues & la fortune
n'ont point de part, & dont il
n'eſt redeuable qu'à ſa propre vertu,
à cette merueilleuſe ſageſſe qui ne
peut rien trouuer de comparable à
elle, & à ce merite infiny qui ſur-
paſſe toutes les reconnoiſſances.
Manque-il quelque choſe à l'ac-
compliſſement de ſa gloire dans
l'ordre legitime de l'Eſtat ? & les
honneurs qu'il poſſede iuſtement,
ne ſuffiroient-ils pas pour conten-
ter les deſirs immoderez & inſatia-
bles de tous les ambitieux ? Mais ſes
hautes penſées, ſes eſperances & ſes
trauaux, ont touſiours eu vn autre
but que les grandeurs de la terre ; il
a touſiours aſpiré à l'eternité ; les
belles actions qu'il a faites à la veuë
de tout le monde dés ſes premieres

années ; la moderation admirable
qui a paru en sa conduite dés la fleur
de son âge ; tant d'illustres témoignages qu'il a donnez dés lors de
sa pieté, en sont d'immortels monumens. I'en atteste Rome, cette
iuste arbitre de saincteté, qui pre-
uenant ses années pour couronner
sa vertu, a mis sur sa teste vne mi-
tre, & l'a preposé en sa ieunesse au
gouuernement d'vne Eglise, comme vn autre Thimotée : Il a augmenté par ses labeurs la grace qu'il
auoit receuë par l'imposition des
mains ; il a heureusement trauaillé
dans la bergerie de Iesus-Christ,
par vne assiduë contemplation des
choses diuines, par des veilles & des
meditations continuelles, par d'e-
loquentes Predications, par de doctes escrits, par des trauaux infinis,
où il s'est exercé en public, & en

particulier: Enfin il a estimé qu'il y
auoit plus de gloire de defendre la
foy de l'Eglise Catholique, & de
faire éclater la majesté du sainct
Siege, que de se voir enuironné de
la splendeur de sa pourpre: Mais
lors que par de grands merites dignes d'eternelle memoire, il a acquis cette auguste dignité, il a creu
qu'il ne deuoit pas tant la considerer comme la recompense de ses labeurs, que comme vne illustre occasion d'en entreprendre de nouueaux; il a commencé lors à former ces beaux desseins, non seulement d'affermir les fondemens de
la dignité de l'Eglise, mais aussi de
l'esleuer iusqu'au faiste de la gloire;
C'est ce qui a produict ces vastes
& profondes pensées, de donner
la mesme estenduë à l'Empire de la
Religion, qu'à celuy de la Monar-

chie, & mesmes d'en porter encores
les bornes plus auant : C'est de cette
source que sont decoulez ces diuins
conseils qu'il a donnez à nostre excellent Monarque, Prince que le
Ciel a fait naistre pour les plus
grandes choses que le Soleil ait iamais éclairées, d'estre le protecteur
de la foy , & le restaurateur de la
Religion, par tout où le nom de
Iesus-Christ est adoré : Enfin c'est
sous sa sage conduitte que la Religion & la majesté, la pieté & la
valeur, qui se sont iointes dans ces
fameuses expeditions, & ont obtenu ensemble tant de memorables
victoires, ont en peu de temps mar-
ché auec vne pompe si magnifi-
que en toutes les parties du Royaume, dans vn mesme char de triomphe : Mais mes loüanges sont
trop foibles pour vn merite si rele-

ué , il vaut mieux que i'employe
celles de noſtre ſainct Pere, qui
luy donne cét eloge, entre pluſieurs
autres loüanges immortelles; *Les*
conſeils de voſtre pieté ont triomphé au
ſiege de la Rochelle, à la gloire de
l'Égliſe, & au bonheur eternel de la
France.

Paſſons maintenant aux exerci-
ces de la paix, & remarquons qu'il
s'eſt employé auec vne affection
nompareille, pour accorder les opinions des plus celebres Docteurs,
ſur le ſujet de l'authorité du Souuerain Pontife, que ſon entremiſe a
eu vn heureux ſuccez dans l'accom-
modement de cette difficulté, où
les parties n'eſtoient en diſpute que
des mots, & où neantmoins d'autres auant luy auoient vainement
trauaillé. Ce fuſt auſſi par ſes exhor-
tations que la Sorbonne, puiſſante

citadelle de la Religion Catholique, qui a esté rebastie par ses
soins, & à ses dépens, ordonna que
les Bacheliers seroient tenus à l'aduenir de promettre l'obseruation
des decretales des Papes, chose
qu'ils pouuoient auparauant obmettre, & leur prescriuit cette formule de serment : *Ie proteste que ie
ne diray & n'escriray rien qui soit contraire à la saincte Escriture, aux Conciles Oecumeniques, aux decretales des
Souuerains Pontifes, & aux decrets de
la Faculté de Paris ma Mere, où ie
m'attache, & promets de demeurer fer-
mement attaché.* Quelques-vns re-
doutoient ce serment, à cause de la
Decretale qui commence, *Vnam
sanctam*, & d'autres qui semblent
blesser en quelque sorte les droicts
des Princes temporels ; mais les suffrages passerent à iurer l'obseruation

Le 1. Decē-
bre 1629.

tion des Decretales des Papes, par
ce que celles qui ont esté reuoquées,
comme celle-la de Boniface le fust
par Clement V. ou celles qui ne
sont pas receuës dans le corps des
Canons, ne sont pas mises au nombre des Constitutions des Souuerains Pontifes, comme enseignent
tous les Theologiens. On fist donc
cét honneur aux Decretales des
saincts Peres, que d'ordonner
qu'on en iureroit l'obseruation ; &
c'est vne des choses que son Eminence celebre auec plus de loüange,
& recommande auec plus d'affection, toutes les fois que les deputez
de sa famille de Sorbonne viennent
luy faire la reuerence, il les exhorte
par de sages remonstrances, & par
les exemples mesmes des anciens
Docteurs de cette celebre Compa-
gnie à perseuerer de rendre ce rei-

pect à sa Saincteté: Il s'est passé en diuerses occasiós plusieurs autres choses, qui ont témoigné sa deuotion enuers le sainct Siege Apostolique; le Souuerain Pontife en a esté informé, & luy en a donné des preues de sa gratitude, par vn Bref où ces excellentes paroles sont escrites:

Enfin ceux qui ne parloient que pour reſpandre l'iniquité, ont la bouche fermée en France, & le Senat des Theologiens de Sorbonne a condamné cette cenſure temeraire, qui ſembloit en quelque ſorte mettre les Princes hors de la bergerie de ſainct Pierre. Rome applaudit de ioye à la pieté de Louys, qui reſioüiſſant le Ciel par de ſi ſainctes actions, éprouue iuſtement que la Religion Catholique, & l'authorité Pontificale, ſemblables à de bons remparts, & à des fortereſſes imprenables, deſendent puiſſamment la Monarchie Françoiſe: Quant à vous, le Senat Apoſtolique vous fait part des

loüanges qu'il donne au Roy tres-
Chrestien, *&* rapporte à vos conseils
vne grande partie d'vn bien-fait si considerable : Mais quels eloges n'auez-
vous point meritez, par la difference que
vous auez faite entre la dignité de l'Ambassadeur du Souuerain Pontife, *&* celle
des Ambassadeurs des autres Princes, *&c.* Optatus n'a peu ignorer
tant de marques solemnelles, tant
de preuues domestiques, tant de
témoignages certains de la pieté de
son Eminence, & de la reuerence
qu'elle a pour le sainct Siege ; toutesfois ces choses conneuës de tout
le monde , n'ont peu obliger
cét Escriuain enuenimé, de parler de ce grand homme, plus
auantageusement que de dire, que
le Schisme ne luy peut estre im-
puté, ou vray semblablement, ou du
moins seurement.

L ij

Mais encores qu'il cache son
venin autant qu'il peut, & qu'il ne
découure sa pensée qu'au trauers
d'vne lumiere sombre & obscure,
il s'explique toutesfois auec assez de
clarté, pour se faire entendre à ceux
de sa cabale: Ainsi toutes les fois
qu'il parle d'vn Patriarche Schismatique, il en parle tousiours comme
d'vne personne qui a toute l'authorité dans le Royaume, & qui
tient sous sa puissance la bonne &
la mauuaise fortune de tous les
François: Enfin il acheue son li-
Optat. p. 38. belle diffamatoire par le discours
d'vn long & déplorable Schisme,
qui a autrefois troublé la tranquillité de l'Eglise, dont il rejette la
cause sur le Cardinal d'Amiens,
pour persuader par cette comparai-
son, que l'on doit faire toute sorte
d'efforts, pour éuiter à present vn

semblable malheur. Mais il faut
auoir pitié d'Optatus comme d'vn
furieux, & c'est vn acte de charité de
luy arracher des mains ce dernier
traict, dont il tasche de blesser
l'honneur de sa patrie.

Il est donc à propos de remarquer, que les plus habiles Historiens estiment que la France n'a
commis aucune faute dans l'occasion de ce Schisme, & que sa gloire n'en a esté aucunement offus-
quée, parce que son erreur n'estoit
qu'vne erreur de fait : Sainct Antonin s'appuyant sur ce témoignage,
en a ainsi expliqué son sentiment :
Ceux, dit-il, *qui obeïssoient à Clement,*
soustenoient qu'il estoit le vray Pape,
parce qu'il auoit esté éleu canoniquement,
& auec la pleine liberté des suffrages,
& que l'élection d'Vrbain auoit esté
forcée par les menaces du peuple Ro-

S. Antonin
selon les an-
ciennes hi-
stoires, part.
3. tit. 22.
chap. 2.
Voyez Ma-
riana, li. 18.
chap. 1.
Collenutius
liu. 5. de
l'histoire de
Naples, im-
primée auec
priuilege du
Pape. Et
Theodoric

main. *Au contraire ceux qui reconnoif-*
foient Vrbain, alleguoient que Clement
eftoit Apoftat, & non Apoftolique,
parce que l'élection d'Vrbain auoit eflé
canonique ; que fi les Cardinaux auoient
eflé intimidez par vne iufte crainte, ca-
pable d'eftonner des hommes fages &
refolus, depuis que la caufe de la crainte
eftoit ceffée, & qu'ils auoient eu le pou-
uoir de reclamer, non feulement ils n'a-
uoient point reuoqué l'élection, mais
qu'ils auoient mefme témoigné qu'ils la
ratifioient & l'auoient agreable, parce
qu'vn mois apres ils auoient adoré Vr-
bain comme fucceffeur de fainct Pierre,
& Vicaire de Iefus-Chrift. En effect
les deux partis qui fe font formez à
l'occafion de ce Schifme, ont eu tant
qu'il a duré, de fort grands perfonnages
en Theologie & en Droict Canon, &
mefmes en ont eu quelques-vns excellens
en deuotion & en pieté, & qui plus eft

en ont eu de celebres par les grands &
illuſtres miracles, dont *Dieu* a couronné
la ſainĉteté de leur vie; & toutesfois cette
difficulté de la validité de l'élection de
l'vn ou de l'autre n'a peu estre ſi bien de-
cidée, qu'elle n'ait laiſſé du doute dans la
pluſpart des eſprits: Car encores qu'il
ſoit de neceſſité de croire, que comme il
n'y a qu'vne Egliſe Catholique, ainſi il
n'y a qu'vn Paſteur Vicaire de Ieſus-
Chriſt, ſuiuant ce paſſage de l'Eſcriture, en ſainĉt Iean dixiéme; Il n'y aura
qu'vne Bergerie, & qu'vn Paſteur.
Neantmoins s'il aduient qu'en vn meſme temps par le deſordre d'vn Schiſme,
on éliſe pluſieurs ſouuerains Pontifes, il
ſemble qu'il n'eſt pas de neceſſité de ſalut de croire, que celuy là, ou celuy-cy,
mais ſeulement que l'vn d'eux eſt le vray
Pape, à ſçauoir celuy qui a eſté canoniquement éleué à la dignité Pontificale, &
en cela les peuples peuuent ſe conduire

*Diuers Au-
theurs di-
ſent tout
cela dans
Ciaconius.*

par l'exemple de leurs Superieurs, & de leurs Prelats. De cette diuersité d'o-pinions touchant l'élection cano-nique du sainct Pere, il est arriué que l'Eglise mesme legitimement assemblée au Concile de Pise, éleut Alexandre V. non pas tant pour posseder le souuerain Pontificat apres Gregoire XII. successeur d'Vrbain VI. que pour tenir la place du mesme Gregoire, qui estoit encore viuant; & qu'apres la mort d'Alexandre, on proceda à l'élection de Iean XXIII. qui ayant esté déposé du Pontificat auec Gregoire XII. & Benoist XIII. par l'assistance des François, qui trauaillerent puissamment au Concile de Constance pour estein-dre ce Schisme, enfin Martin V. nommé le bon-heur de son siecle, fust mis dans la Chaire de S. Pierre.

Mais pour toucher la prochaine
cause de ce Schisme, qu'Optatus
attribuë au Cardinal d'Amiens, ce
n'est pas sans sujet qu'il n'a point
cité son Autheur; car il se trouue que
c'est vn esprit semblable à celuy
d'Optatus, c'est à dire vn ennemy
iuré de la France, c'est Thomas
Vvalsingham Anglois, qui escriuant pendant les guerres d'entre les
Roys de France & d'Angleterre,
emporté par la chaleur de l'affection de son pays, fist les François
autheurs du Schisme, d'autant plus
liberalement, que la France recon-
noissoit pour vray Pape Clement
VII. & l'Angleterre Vrbain VI.
Mais il n'y a point d'Historien du
temps qui rapporte la chose comme cét Anglois, & il est certain
par le témoignage de tous les autres Escriuains, que ce ne fust pas

*Thomas
Vvalsing-
ham, sous
Richard 2.*

*Ciaconius
en la vie de
Clement
Antipape.*

ſeulement Iean des Granges Abbé
de Feſcamp, depuis Eueſque d'A-
miens, & enfin Cardinal du titre de
ſainct Marcel ; mais que ce furent
tous les Cardinaux enſemble, qui
ſe piquerent, & s'offenſerent de
cette faſcheuſe auſterité d'Vrbain VI. que Theoderic de Niem
Eſcriuain du temps, nomme dure-
té de cœur ; & Ciaconius nouuellement imprimé à Rome, d'vn mot
encores plus rude. Ce Theoderic
Secretaire d'Vrbain, & depuis
Eueſque de Verdun, qui eſtoit
lors à Rome, & auoit part aux bonnes graces de ce Pape, parle en ces
termes de la retraicte que firent les
Cardinaux : *Vrbain s'eſtudia autant*
qu'il peût de ſe rendre agreable au peu-
ple Romain, & cela fuſt cauſe qu'il
deuint odieux aux Cardinaux, qui en-
uiron le milieu du mois de May l'année

En la vie
de Clement
Antipape.

Theoderic
de Niem,
liu. 1. du
Schiſme,
chap. 7.

mesme qu'il fust couronné, se retirerent l'vn apres l'autre d'aupres de luy, & le laisserent dans la ville, ils s'en allerent à Anagnie ville de la Campagne de Rome. Cét Autheur ne fait point mention particuliere du Cardinal d'Amiens ; mais Optatus veut que nous approuuions ce qu'il dit si fort à l'auantage de celuy qu'il nous represente comme premier Ministre d'Estat du Roy Charles V. & que nous l'en croyons auec la mesme facilité qu'il a adjousté foy au témoignage de Vvalsingham, plustost qu'à celuy de Theoderic, c'est à dire qu'il a preferé vn Moyne de Nortfolc, à vn Secretaire du Pape, bien instruict des affaires de la Cour de Rome, vn homme absent à vn homme present, vn Autheur qui a vescu en vn pays esloigné, & en vn autre siecle, à vn Escriuain

Thomas Vvalsingham a vescu & escrit enuiron l'an 1440. & ces choses se sont passées en l'an 1578.

qui a esté spectateur de la chose
qu'il a escrite, & enfin vne personne suspecte & interessée, à vn veritable Historien. Cependant l'Autheur Anglois parle de cette affaire
auec moins d'aigreur qu'Optatus;
car celuy-cy dit de son inuention,
que le Cardinal d'Amiens emmena
les autres Cardinaux à Anagnie, &
à Fundy, chose qui ne se trouue
point dans Vvalsingham, & qui est
contraire à ce que les autres en ont
escrit, parce qu'ils témoignent tous,
que les Cardinaux se retirerent l'vn
apres l'autre, & auec la permission
du Pape.

Mais quand mesme le Cardinal
d'Amiens auroit failly, nous ne deuons pas craindre que le grand
Cardinal de Richelieu voulust suiure son exemple; c'est vne personne qui ne donne nul sujet d'appre-

hender le mal, & de qui l'on ne
doit attendre que les choses conue-
nables à la pieté dont il fait profession, & honorables à la Religion
où il tient vn rang si illustre ; il en
a donné trop de preuues pour en
douter, & combien qu'Optatus attaque sa vertu par des medisances
couuertes & enueloppées de tenebres, sa gloire viura & sera tous-
jours florissante: *C'est vn Ministre* *Prouerbes*
aymé de son Maistre, entendu, sage, *14. & 22.*
& preuoyant, comme parle l'Escritu- *Sapiēce 10*
re, l'appuy de son pays, le guide de ses *49:*
freres, le soustien du peuple ; Dieu luy
a donné la puissance sur ceux qui vou-
loient l'abaisser, a fait reconnoistre pour
imposteurs ceux qui l'outrageoient de leurs
calomnies, & luy donnera la lumiere de
l'eternité.

Que si Optatus menace la France d'vn autre Patriarche, les per-

fonnes d'efprit l'eftimeront auffi in-
fenfé, que s'il affeuroit que ce
Royaume eft fur le poinct de reprendre les fuperftitions du Paga-
nifme, dont les Pontifes eftoient
mefmes appellez Patriarches. En
quelle Prouince, en quelle ville ce
nouueau Prelat eftablira-il fon
Siege? & puis qu'il faut que cét
adultere, qui eft le titre qu'Optatus
luy donne, ait vne Eglife pour Efpoufe, ou pluftoft pour concubine,
quelle fera cette Eglife Patriarchale, & adultere tout enfemble? ie
penfe que pas vn de nos Euefques
ne luy quittera fon fiege. Quel facré College aura-il auprés de luy?
quel Clergé? quels Preftres? quels
Diacres collateraux? Quel Diocefe
choifira-il, pour en faire le Diocefe
de fa refidence, le chef & la fource
des autres Diocefes? Quand il dai-

Concile de Merida, Canon xij.

gnera venir auprés du Roy, quel
rang tiendra-il en la Cour, en la
presence des Cardinaux, des Euesques, & des grands du Royaume?
D'ailleurs où commencera-il à paroistre en sa dignité? à faire porter
sa croix & sa crosse, à monstrer les
marques de son authorité, à donner ses benedictions, à receuoir les
venerations du peuple, incliné deuant sa teste couronnée à la façon
des Patriarches? Certes Optatus
n'est pas si meschant qu'il est ridicule, quand il témoigne tant d'apprehension de se trouuer sans y
penser, ou en fuyant, à la rencontre
du Patriarche qui vient; mais ie
me trompe, ce n'est pas la crainte
qui agite son ame, il est emporté
d'vn mouuement bien plus violent; il est plein de vigilance &
d'audace, & en cét estat il com-

*Optat. pag.
11.*

mande à tous les Euesques, de s'é-
ueiller pour venir comme de vigilans Capitaines les armes à la main
au deuant du Patriarche qui s'auan-
ce. Il me semble donc que ie puis
parler à Optatus, qui n'est que trop
vigilant, comme le Pape Celestin

*Le Pape Ce-
lestin en
l'Epistre à
Nestor. au
Concile
d'Ephese.*

parloit autrefois à Nestorius: *Soyez
vigilant, dites-vous, ouurez les yeux,
& ne dormez plus; mais les veilles que
vous faites ne sont pas des veilles, ce ne
sont pas de sainctes gardes, ce sont plustost des brigandages, nous aymerions
mieux que vous fussiez endormy, vous
ne vous fussiez pas mis en peine de chercher des sectateurs, vostre erreur n'eust
pas perdu vn grand nombre d'Ortodoxes.*
Ie vous dis la mesme chose, Optatus, si toutesfois vostre folie a perdu
quelqu'vn; car il faut auoir perdu la
raison, & le droict vsage de la volonté, pour adjouster foy à vos
paroles,

paroles, & pour se rendre fauorable à vos malheureux proiets, de
quelques parjures que vous puis-
siez appuyer vos calomnies & vos
malices.

Mais, dites-vous, *la discorde la* Optatus, page 21.
plus legere est vn grand mal, & *à
cause du desordre qui est suruenu à
Rome entre l'Ambassadeur de France,
& les Ministres du Souuerain Pontife,
pour l'assassinat d'vn criminel de leze
Majesté,* & *pour la violence que l'on a
faite au Conuent des Minimes, d'où on
a arraché quelques esclaues appartenans
à des Espagnols, qui s'estoient retirez
dans cét asyle, pour estre instruicts en
la doctrine de Iesus-Christ, faut-il
s'émouuoir comme s'il s'agissoit de la
ruïne entiere de la Religion? faut-il pour
cela traicter le Pape comme vn ennemy?
luy dénier le respect* & *l'obeyssance,* & *
rompre toute communion auec luy?*

M

Mais, Optatus, faut-il supposer
comme vous faites, que nous me-
ditons de nous éloigner de la reuerence deuë à sa Sainéteté? de nous
souftraire de son obeïssance & de sa
communion? & d'éleuer dans ce
Royaume vn Patriarche? *Ces choses,*
dites-vous, *se sont passées à Rome en*
la Cour d'Vrbain, non pas comme
Euesque de toute l'Eglise; mais comme
Prince politique, & ne regardent point
le Clergé. Si elles ne regardent point
le Clergé, elles tendent encores
moins à sa ruïne; l'esprit du Roy est
aussi éloigné d'vn dessein si pernicieux, que celuy du sainét Pere.
En effeét sans rompre les liens de la
Foy, de la Religion, & mesme de la
Charité, sans en violer les deuoirs,
vn Prince Chrestien peut entrer en
different auec le Prince de Rome,
pour la deffence du droiét des gens,

ou pour la conseruation de ses propres droicts; il peut mesme en cette
occurrence l'attaquer auec ses forces, & le combatre auec ses armes,
côme disét les Docteurs Espagnols,
pour iustifier leur Prince, qui s'est
si souuent armé contre les Souuerains Pontifes: Quant à nous, nous
ne prenons pas les armes si legerement ; quand nous les auons prises,
nous n'offensons pas auec tant de
temerité ; quand nous sommes
offensez, la colere ne nous trans-
porte pas à de si grands excez; & enfin nostre colere ne s'appaise pas si
difficilement. Nos Roys Charles
le Chauue, Louys le Ieune, Philippes le Bel , Charles VIII. &
Louys XII. ont eu quelques dif-
ferents auec les Papes, touchant les
affaires temporelles ; mais y a-il
quelqu'vn d'entr'eux qui ait pris ce

Bannés &
Melchior
Canus.
Mariana,
liu. 9. de sö
hist. ch. 5.

Hadrian 2.
Epistre à
Charles le
Chauue.
Concile de
Tours, de
l'an 1510.

dangereux conseil d'opposer au sainct Pere vn Patriarche François; non certes, nos Princes sont trop sages & trop religieux; & à la verité il ne faut mépriser ny le chef de l'Eglise, ny l'interest de l'Estat: Car si le Concile Oecumenique a dit pour les affaires mesmes de l'Eglise, *Le Synode general estant assemblé, s'il se presente quelque difficulté, mesme touchant l'Eglise Romaine, il est permis d'en conferer modestement, & auec la reuerence conuenable, d'escouter les opinions les vns des autres, d'en donner son aduis, & de le receuoir.* A plus forte raison quand il est question des choses seculieres qui dépendent de la puissance ciuile, le Roy qui pour les affaires de son Estat, & la gloire de sa Couronne, ne reconnoist point le Pape pour superieur; mais est égal à

luy, comme vn Prince est égal à vn
autre Prince, peut legitimement
defendre ses interests, & demander
à Rome que l'injure qui a esté faite
à sa dignité soit reparée. Cessez
donc, Optatus, de faire cette mali-
gne exclamation, que l'on est sur
le poinct de traicter le Pape comme ennemy, *& de luy dénier la vene-*
ration, l'obeïssance, & la communion.
C'est vne calomnie que vous vo-
missez insolemment contre la
France; non seulement nous faisons office auprés du Pape comme
Prince, non seulement nous trait-
tons auec luy comme Monarque,
mais nous l'auons auparauant sup-
plié comme Pere, pour disposer
son esprit à ordonner vne satisfa-
ction raisonnable, qui restablisse
l'honneur de la France, que le Gouuerneur de Rome a temerairement

violé : Cette modeste plainte est appellée commencement de Schisme,
non pas à Rome, mais à Paris ; non
pas par vn Italien, mais par Optatus qui se dit François ; comme si
depuis l'outrage que la France a receu, les chemins de Rome n'auoient
plus esté fermez par les Espagnols,
mais par les François seulement ;
comme si dans nos diuins offices,
& en la celebration de nos myste-
res, l'on n'entendoit pas tous les
iours prononcer au Canon de la
Messe, le nom du Souuerain Pontife ; comme si toute la France s'estoit
émeuë, s'estoit armée pour destruire la grandeur de l'Eglise Romaine. D'où vous viennent ces visions,
Optatus, qui vous met dans l'esprit
ces resueries, qui vous trouble si
estrangement le cerueau ? Il n'est pas
permis, dit-il, de visiter le Nonce du

Pape, le Roy a defendu aux Euefques de le voir, & de le faluër : Mais
cela ne fait aucune injure au fainct
Siege ; car c'eft au Roy que le Nonce eft enuoyé, le Nonce doit premierement faluër le Roy, & apres
qu'il la faluë, c'eft à fa Majefté à
faire entendre, fi bon luy femble,
aux Euefques, & aux autres Ordres
de fon Eftat, quel eft le Nonce que
le fainct Pere luy a deftiné, & quelle
nature d'affaires il doit traicter ; le
Nonce de fa Saincteté eft reconneu
par le Roy en qualité de Nonce ex-
traordinaire, pour negotier le
traicté de la paix, c'eft la feule charge qu'il a en cette Cour, le Roy ne
la receu que pour cette affaire feulement, il ne le tient pas pour Nonce
ordinaire, il ne luy en accorde ny le
titre, ny les fonctions, il ne veut pas
auffi que les Prelats de fon Royau-

me traictent auec luy en cette qualité. Cependant, Optatus, soyez en
repos, que ces soins ne troublent
point vostre tranquillité, & ne vous
empeschent pas de viure en paix, le
Roy tres-Chrestien vous en déchar-
ge, vous ne deuez pas vous mettre
en peine de sa foy, & de sa pieté,
vous ne deuez pas vous mesler si
auant dans les secrets de ses conseils:
l'ay regret que vous ayez eu meilleure opinion de l'Espagne, que de
vostre patrie; l'Espagne apres auoir
offensé le sacré Consistoire par les
menaces de ses Cardinaux, apres
auoir declaré par escrit au Souuerain Pontife, qu'il estoit cause de
la ruïne de la Religion, apres auoir
enleué vn Prince à main armée du
milieu de la ville de Rome, apres
auoir renuersé le Tribunal d'vn
Nonce Apostolique, apres auoir

fait souffrir les miseres de la prison
& de la faim à Carcagnan Colle-
cteur des deniers du sainct Siege en
Portugal, ne laisse pas d'estre extremement iuste & innocente; si nous
en cherchons la raison, c'est que
l'Espagne n'a pas vn Optatus; la
France ne seroit pas priuée de tous
ses souhaits, si elle estoit priuée
d'Optatus: Et certes il deuoit auoir
pris naissance parmy ceux qui ne
voyent en songe que les choses
qu'ils desirent; car pour quelle autre cause ne nous augure-il pas seulement, mais nous met-il deuant les
yeux, la guerre au milieu de la paix,
la tempeste dans la bonace, la sedition durant les douceurs d'vne heureuse concorde ? Pourquoy nous
veut-il faire passer la vision d'vn
Patriarche, & vn vain Phantosme,
pour vn veritable oracle? Pourquoy

*S. August.
liu. de l'E-
prit, & de
la lettre,
touchant les
diuerses
especes de
songes.*

*Nicephore,
sur le liure
de Synesius
des songes.*

veut-il imprimer sur le front de sa
patrie, la honte de l'infame coniura-
tion d'vn Schisme ? Encores si sa
folie en demeuroit là, & s'il se con-
tentoit d'exposer dans les places
publiques cette profonde resuerie,
& ce spectre imaginaire d'vn Patriarche, il ne feroit qu'exciter des
risées, & tout le monde le méprise-
roit comme vn extrauagant ; mais il
ne luy suffist pas que ses fantaisies
soient comiques, & seruent à donner du plaisir, il en veut faire le sujet
d'vne tragedie ; il represente vn Patriarche qui a le casque en teste, qui
ne respire que sang ; il predit qu'il
viendra auec vn cœur barbare, &
qu'il fera porter deuant luy vne
espée, au lieu d'vne croix ; que la fortune de tous les gens de bien sera
son butin, & fera la matiere de ses
pillages ; qu'il rauira à l'Eglise sa li-

*Optatus
page 27. &
derniere.*

berté, & la fera gemir sous ses op-
pressions; que par des exils, par des
tourmens, par des prisons, & enfin
par toutes sortes de supplices, il fera
des Martyrs, au lieu d'en canoniser.
Mais, Optatus, qui supposes que ce
prodige peut s'éleuer dans ta patrie,
tu es toy-mesme vn grand prodige
d'extrauagance, de folie & d'infidelité. Par quelles prieres detourne-
rons-nous cette furie dont tu nous
menaces? auec quelles paroles, &
quels sacrifices appaiserons-nous ce
monstre? Il faut opposer à ta predi-
ction impie, cette Prophetie saincte
& salutaire : *Dieu dissipera les presa-*
ges des sorciers, & les diuinations fein-
tes & éloignées des apparences; il ren-
uersera l'esprit des prudens de la terre,
& leur science deuiendra folie; il excite-
ra la voix de son Enfant, & fera pa-
roistre le conseil de ses Anges remply

Esaye chap.
44. selō les
Septante.

de verité, recommandant à Cyrus d'é-
couter la sagesse.

de verité, recommandant à Cyrus d'é-
couter la sagesse.

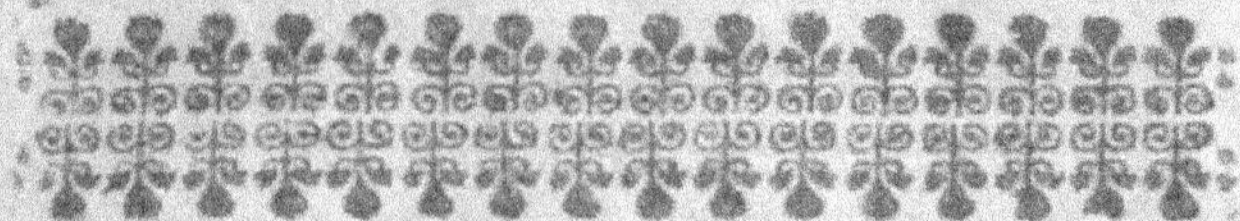

DV LIVRE D'OPTATVS,

Page 14.

LA premiere machine que le Dé-
mon a employée pour deſtruire la
paix & la liberté de l'Egliſe, eſt vn Liure diuiſé en deux tomes, que l'on a mis
en lumiere il y a prés de deux ans. Ce
Liure promettoit de traicter en faueur du
Clergé de France, des libertez de l'Egliſe,
qui par le Concile general d'Epheſe, ne
ſont autre choſe que le droict commun;
il faiſoit eſperer vn trauail vtile &
auantageux pour le reſtabliſſement de la
diſcipline Eccleſiaſtique, qui n'a que trop
relaſché de ſon ancienne ſeuerité; &
ſous ce pretexte il gaignoit les ſuffrages
& les recommandations de pluſieurs per-

sonnes, & attiroit plusieurs personnes à
sa lecture ; cependant à peine a-il esté
ouuert, que l'on a reconneu que ce n'est
qu'vn amas d'erreurs, vn assemblage
d'heresies, vn recueil de schismes ; que
la puissance & l'authorité non seulement
du Siege de Rome, mais aussi de tout l'ordre Hierarchique y est attaquée, & y
reçoit de funestes outrages ; & mesme
que par vn conseil impie & tyrannique,
on la veut sousmettre par les maximes de
ce dangereux traicté, à la seruitude de la
puissance seculiere, &c.

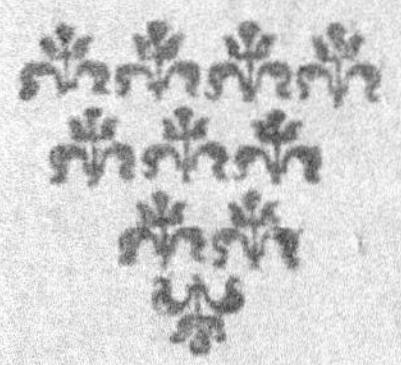

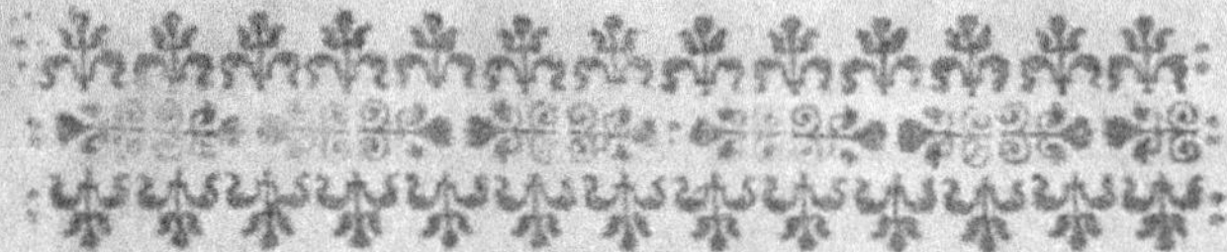

LIVRE IV.

DE LA PROTECTION
legitime de la liberté
des Eglises.

ES anciens auoient
vn Tribunal, où l'on
connoiſſoit des que-
ſtions de la liberté.
C'eſt là qu'Optatus
Gallus vſurpateur d'vn nom qui ne
luy appartient pas, aſſigne vn Autheur Anonyme, qui a publié les
deux tomes des libertez de l'Egliſe
Gallicane : Mais il ne faut pas
qu'Optatus nous obiecte qu'il n'y
a rien dans ces deux volumes, qui ne

soit des sentimens de la France; le iugement qu'en ont fait Messieurs les Euesques, & l'arrest du Conseil d'Estat, qui a defendu sous de grandes peines la publication & la vente de cét ouurage, sont d'illustres témoignages qui nous garantissent de ce reproche. Il ne faut pas aussi qu'Optatus se persuade, que l'Eglise Gallicane n'a point du tout, ou n'a que fort peu de veritables libertez; il nous est bien aisé de luy découurir son erreur, & pour effacer la mauuaise opinion qu'il a conceuë en ce poinct de l'Eglise de ce Royaume , nous n'auons qu'à l'entretenir vn peu touchant la protection legitime de la liberté des Eglises.

Pour establir la liberté de l'Eglise Gallicane, il est necessaire, comme nous auons desia dit, de distinguer

Le Iugemẽt de Messieurs les Euesques, du 9. Feurier 1639. l'Arrest du Conseil d'Estat, du 20. Decembre 1638.

guer exactement, & d'accorder
auec douceur & moderation deux
droicts augustes & souuerains; le
premier est le droict diuin qui est
compris dans l'authorité Pontificale; le second est le droict des Roys,
dont l'authorité est ordonnée de
Dieu; la liberté des Eglises a son
assiette asseurée au milieu de ces
deux puissances, comme au milieu
de deux lignes paralelles: Car ce
n'est pas estre dans les bons sentimens, que de croire que la liberté
est ennemie de la puissance, & la
puissance ennemie de la liberté;
Nous estimons au contraire qu'elles
sont fort bien vnies, & que l'vne
ne doit pas mesme estre suspecte à
l'autre. En effect comme la principale gloire de la puissance supreme
& legitime est de laisser à ses subjets l'vsage de leur liberté, & de ne

leur rien arracher d'vne chose si
precieuse; ainsi la liberté n'est iamais plus illustre, & plus asseurée,
que quand elle est sousmise à la
puissance diuine, que quand elle
reconnoist la puissance seculiere ordonnée de Dieu, & qu'elle rend vne
iuste obeïssance aux loix de l'Eglise
& de l'Estat: Mais il arriue souuent
par la chaleur des esprits passion-
nez & factieux, que pour defendre
la liberté de l'Eglise contre ces
deux puissances, on renuerse tout
ordre raisonnable. Car il y a des
hommes qui sous pretexte de la liberté Ecclesiastique, veulent que le
Pape comme Monarque souuerain
de tout le monde, non seulement
au spirituel, mais aussi au temporel,
commande aux Empereurs & aux
Roys. Et il y en a aussi qui sous vne
belle apparence d'embrasser la pro-

*S. Cyprian,
en l'Epistre
à Antoniã.*

tection de la liberté des Eglises,
donnent trop d'estenduë à l'authorité souueraine des Roys, & les font
entremettre trop auant dans le gouuernement des choses Ecclesiastiques : mais comme les extremitez
offensent la nature, elles obscurcis-
sent aussi la verité, elles combattent
la vertu, & corrompent l'esprit ; il y a
vn milieu où les sages doiuent demeurer attachez, & qui est le
poinct de la raison. I'ay donc resolu de traicter en ce discours du
temperament qui doit vnir la
puissance des souuerains Pontifes,
auec la puissance des Roys : En
quoy ie ne diray rien de moy ; les
souuerains Pontifes, & les Roys
Chrestiens parleront ; & les choses
qu'ils diront si elles sont en petit
nombre, seront pieces d'élite ; l'E-
glise mesme parlera en la cause de sa

liberté. Sa premiere parole est la parole des diuins oracles, elle s'adresse aux Leuites & aux Prestres: *Toutes les fois qu'il sera question de la loy, du commandement, des ceremonies, & des iustifications, le Pontife presidera au iugement de ce qui appartient à Dieu, & le Prince de la maison de Iuda aura la direction de ce qui dépend de l'authorité Royale.* Ie laisse pour abreger les les autres passages des Escritures sainctes: les Conciles ont souuent interdit aux Euesques & au Clergé l'administration des affaires temporelles ; ils ont aussi defendu de mesler la puissance seculiere dans le ministere Ecclesiastique: Le Concile d'Ephese a estimé que cette defense estoit necessaire pour conseruer la liberté de l'Eglise: *Si quelque Euesque, dit-il, a enuahy vne Prouince qui n'estoit pas auparauant de son Diocese,*

2. *Paralip.* *chap.* 19.

Concile d'E- *phese act. 7.* *au decret.*

et la mise par force sous son obeyssance, qu'il soit tenu de la restituer, pour ne pas transgresser les Canons des Peres, *et* de peur que sous pretexte de la sainteté du Sacerdoce, on ne se laisse emporter à l'orgueil des puissances du monde, *et* que sans y penser nous ne perdions peu à peu la liberté que nostre Seigneur Iesus-Christ le Sauueur de tous les hommes, nous a acquise au prix de son sang. Le Concile de Chalcedoine s'explique plus clairement que tous, sur le sujet de la diuision des Prouinces faite par l'Eglise, & changée par les rescrits de l'Empereur: *Que les Constitutions Imperiales n'ayent point de puissance contre les Canons.* Ce que depuis le Pape Nicolas premier a rendu en ces termes: *Les droicts de l'Eglise ne peuuent estre destruicts par l'authorité des Empereurs.* Mais écoutons l'Empereur Honorius parlant pour

Concil. de Chalced. act. 4.

N iij

l'authorité de l'Eglise: *Dieu tout-puissant*, dit-il, *Autheur de nostre Empire, & Maistre souuerain de cet Estat, arme sa colere contre des entreprises si funestes & si execrables : Car si les Euesques ont quelque differend entr'eux pour le faict de la Religion, il faut que les Euesques en soient les Iuges; c'est à eux qu'il appartient de traitter des choses diuines, & d'expliquer la doctrine de l'Euangile; & c'est à nous à leur rendre obeïssance en ce qui dépend de la Religion, dont ils sont les sacrez interpretes.* Voyons d'autre part ce que le Pape Gelase escrit en faueur de la Majesté Imperiale: *Si les Prelats de l'Eglise obeyssent sans resistance à vos loix, & à l'ordre de la police publique de vostre Empire, parce qu'ils reconnoissent que Dieu vous a donné cette puissance que vous exercez sur la terre, & pour la crainte qu'ils ont que si contre leur pre-*

Honor. en l'Epist. à Arcadius.

Gelase en l'Epistre à l'Empereur Anastase.

feſſion qui leur defend de s'entremettre
des affaires du monde, ils approchoient
de voſtre thrône pour vous en dire leurs
ſentimens, il ne ſemblaſt qu'ils vouluſ-
ſent apporter quelque trouble dans l'eſtat
des choſes humaines ; auec quelle affection deuez-vous rendre obeyſſance à
ceux qui ſe ſont voüez au miniſtere de
la Religion, qui celebrent ſes venerables
& ſacrez myſteres, & qui vous di-
ſtribuent ſes treſors. Le Pape Symmache, dans l'Apologetique à l'Empereur Anaſtaſe : *Vous nous obiecterez,*
dit-il, *que nous deuons eſtre ſubjets à
toutes les Puiſſances ; & certes nous re-
connoiſſons icy-bas les puiſſances de la
terre, tant qu'elles ne ſe reuoltent pas
contre Dieu ; mais ſi toute puiſſance
vient de Dieu, celle qui eſt eſtablie pour
la direction des choſes diuines, en vient
auſſi, & à meilleur titre que les autres.
Honorez Dieu en noſtre perſonne ; que*

*Symmaché
en l'Apolo-
gie à l'Em-
pereur Ana-
ſtaſe, tome
2. des Con-
ciles.*

le Senat témoigne l'honneur qu'il porte à
Dieu en honorant le College sacré du
Clergé de Rome; & nous honorerons
Dieu en la personne de vostre Majesté;
Mais si vous ne vous sousmettez à
Dieu en respectant ses Ministres, vous
ne pouuez prendre aduantage de la dignité de vostre puissance, parce qu'il n'est
pas iuste que vous ioüissiez des priuileges
que Dieu vous a donnez, si vous n'auez
le soin de luy conseruer son honneur.
L'Empereur Leon Isaurique ayant
prononcé cette parole prophane,
Ie suis Roy & Prestre; le Pape Gregoire second luy escriuit
deux lettres pleines de l'amour
qu'il auoit pour la liberté Ecclesiastique; ie renuoye le Lecteur
à ces excellentes pieces, d'où
ie tireray à present vn beau passage, pour distinguer les droicts
des deux Puissances qui president

au gouuernement du monde. Les
Euesques qui sont preposez à la conduite
des Eglises, s'abstiennent des affaires de
l'Estat Politique ; il faut donc que les Empereurs s'abstiennent aussi des affaires
Ecclesiastiques, & qu'ils se contentent
des choses qui ont esté commises à leur
soin : Le conseil des Empereurs qui ayment Iesus-Christ, & celuy des saincts
Prelats de l'Eglise conspirent à mesmes
desseins, & forment vne seule puissance, quand les affaires de l'Eglise &
de l'Estat sont maniées auec Esprit de
Paix & de Charité. Ce lieu est assez
rare, & merite d'estre soigneusement remarqué ; le reste des deux
Epistres de ce Pape est admirable
& digne d'estre leu. Adjoustons
pour appuyer l'vnion & la concorde des deux puissances, les paroles
que Nicolas premier, grand Pape,
soit pour les dons de l'esprit, soit

pour l'excellence de la doctrine,
soit pour le merite de la saincteté,
escrit à l'Empereur Michel. Ie sçay
qu'elles sont rapportées dans le
corps du Droict Canon, mais encores qu'elles soient communes,
elles ne perdront touresfois iamais leur authorité : *Auparauant,
dit-il, que Iesus-Christ fust venu au
monde, quelques Roys comme figures
de sa puissance, conjoignoient la dignité
du Sacerdoce, auec la grandeur Royale;
mais depuis que les figures ont receu leur
accomplissement, & que la verité a esté
annoncée, l'Empereur ne s'est plus attri-
bué les droicts du Pontificat, & le Pontife n'a plus vsurpé le titre de la Majesté
Imperiale : Iesus-Christ mediateur entre
son Pere & les hommes, a si bien distin-
gué l'exercice des deux puissances, & en
a si parfaictement separé les fonctions
& les prerogatiues, que les Empereurs*

rres-Chrestiens ont eu besoin des Pontifes pour acquerir la vie eternelle, & que
les Pontifes ont receu les loix Imperiales
quant au seul vsage des choses temporelles, afin que pendant qu'ils agissent spiri-
tuellement pour le bien de tout l'vniuers,
par de sainctes & ardentes prieres
qu'ils esleuent iusques au Ciel, ils ne
soient point troublez par les tentations
du monde; & que s'estans enroollez
pour le seruice de Dieu, ils n'en soient
point destournez par le soin des affaires
humaines: & que d'autre part celuy qui
a la conduitte des affaires humaines, ne
semble pas s'entremettre aussi de la conduitte des choses diuines. C'est ce qu'a *Nicolas 1.*
escrit Nicolas premier, en vn temps *epist. 8. &*
où il dit luy-mesme que l'impieté *10.*
auoit fait vn si malheureux progrez, que les laïques, sans se soucier
des Prelats, & foulant aux pieds la
discipline des Canons, vsurpoient

le gouuernement des affaires Ecclesiastiques, & que les Iuges seculiers
portoient le *Pallium* des Archeues-
ques, par l'authorité de l'Empereur
Michel, qui les en reuestoit luy-
mesme, pour faire injure à l'Eglise;
ce qui leur a depuis esté defendu au
huictiéme Concile Oecumenique.
Mais écoutons encores le Pape Innocent III. escriuant au Roy de
Cypre, qui empeschoit la liberté
des élections: *Lors que ne vous con-*
tentant pas de ce qui doit appartenir à
Cæsar, vous iettez les mains sur ce qui
appartient à Dieu, vous-vous rendez
coupable enuers Dieu du crime de calom-
nie, par l'injuste vsurpation d'vne chose
où vous n'auez aucun droict; mais ce
n'est pas la seule faute que vous commet-
tez, vous tombez encores dans le crime
d'ingratitude; parce que vous taschez de
mettre l'Eglise dans les fers, & sous la

Concile 8.
act. 9.

Innocent 3.
Regest. 15.
l. 3. c. 202.

tyrannie d'vne dure & cruelle seruitude:
Cependant cette mesme Eglise, rom-
pant par le Sacrement de Baptesme, les
chaisnes de la malheureuse captiuité qui
pour la peine du peché vous liuroit à la
mort, vous a tiré d'vn estat extremément
deplorable, pour vous donner la liberté
du Christianisme qui vous asseure de
vostre salut, & pour vous faire viure
d'vne nouuelle vie par la vertu d'vne
saincte renaissance. Certes c'est vne
chose trop indecente, & vne trop grande ingratitude, que le fils fasse de sa
mere sa seruante, & qu'vn Roy de la
terre, reduise à la condition d'esclaue
l'Espouse du Monarque du Ciel. Ie
pourrois puiser dans vne source si
profonde, vn nombre infiny de
semblables authoritez; mais celles
que i'ay rapportées doiuent suffire,
ie n'ay plus qu'à renfermer vne
doctrine si ample, & si diffu-

se , dans les bornes de nostre France.

Le Pape Pelagius dit au Roy Childebert : *Pour oster le soupçon du scandale , il faut que par vne saincte deference, nous enuoyons nostre confession de foy , à ceux à qui les Escritures sacrées nous ordonnent d'estre subjets.* Innocent III. parlant du droict de legitimation, escrit ces paroles : *Le Roy de France ne reconnoist point de Superieur aux choses temporelles ; & en* l'Epistre qu'il addresse aux Prelats de France : *Que personne ne pense que nous voulions enuahir , ou diminuer la iurisdiction de l'illustre Roy des François, puis qu'il ne veut, & ne doit pas empescher l'exercice de celle qui nous appartient.* Ainsi nos Roys mesmes reconnoissant la suprème puissance du Souuerain Pontife , au spirituel, ont voulu distinguer les droicts des

deux puiſſances. Charles le Grand,
au Capitulaire de l'examen des
Eueſques, des Abbez, & des Comtes: *Il les faut interroger en quelles
choſes, & en quels lieux, les Eccleſiaſtiques troublent les Laïques, & les Laïques
troublent les Eccleſiaſtiques dans leur
miniſtere.* Le Concile ſixiéme de
Paris, tenu en la preſence de Louys
le Debonnaire : *Que les Princes ne
doiuent point s'ingerer de connoiſtre des
cauſes Eccleſiaſtiques , ny les Preſtres
s'entremettre dans les affaires ſeculie-
res.* C'eſt ce qui fuſt remarqué par
le Roy Charles le Chauue, en ſa
plainte contre Ganelon Archeueſque de Sens, faite au Concile de
Thoul ; & par le Roy S. Louys en
ſa Pragmatique Sanction : *Louys
par la grace de Dieu Roy de France, à
tous preſens & aduenir: Pour le bien &
la tranquillité de l'Egliſe de noſtre*

Concile de
Paris 6. l. 3.
c. 14.

Concile de
Sauonieres
près de
Toul, année
859. c. 6.
S. Louys en
la Pragmat.
Sanct. art. 1.

Royaume; pour l'augmentation du ser-
uice diuin; pour cooperer au salut des
ames fideles à Jesus-Christ; & pour
obtenir la grace, & l'assistance de Dieu
Tout-puissant, que nostre Royaume a
tousiours reconneu, & que nous voulons
qu'il reconnoisse, pour la seule puissance
souueraine dont il releue, pour la seule
authorité supréme dont il demande la
protection, Nous auons ordonné les cho-
ses qui suiuent, par cét Edict perpetuel
& irreuocable: Premierement, que les
Prelats des Eglises de nostre Royaume,
les Patrons & les Collateurs ordinaires
des Benefices, ioüissent plainement de
leurs droicts, & que chacun demeure en
la possession paisible de sa Iurisdiction:
Les autres articles de l'Edict en disent dauantage. Cette parole de
Philippes de Valois est conneuë de
tout le monde : *Pour m'acquitter du*
deuoir d'vn Prince qui ayme Dieu, &
qui

qui veut témoigner par ſes actions , qu'il
eſt paſsionné ſeruiteur de celuy qui regne veritablement , & que l'vniuers
auoüe pour ſon Souuerain; Ie iure que ie
deffendray le bien , & la liberté du
Clergé.

Ce ſeroit vne vaine entre-
priſe que de vouloir ſeulement
nombrer toutes les declarations
faites par les Roys tres-Chreſtiens,
pour la conſeruation de la liberté
des Egliſes ; c'eſt aſſez de remarquer qu'elles ont eſté renouuellées
aux Eſtats d'Orleans & de Blois,
par l'Edict de Melun , & meſme
ſous le regne bien-heureux de
Louys le Iuſte. Il ne ſe peut donc
rien voir de plus importun que la
plainte qu'Optatus fait auec tant
de chaleur, ſi elle a pour fondement ces deux volumes, qui ne
ſont point appuyez de l'authorité

du Roy ; & il ne se peut rien voir de plus injuste que la mesme plainte, si elle s'addresse à sa Majesté : Il dit, *Que la puissance, non seulement de l'Eglise Romaine, mais aussi de tout l'Ordre Hierarchique se va perdre, & que par vn dessein meschant & tyrannique, on la veut reduire sous la seruitude de la puissance seculiere.* Mais certes ce soupçon ne doit pas entrer dans les esprits ; car c'est vn article de foy, que l'Eglise n'est tenuë de respondre que deuant Dieu de la predication de l'Euangile, & de la conduite des ames ; qu'en ce qui regarde l'administration des choses spirituelles, & mesme des choses Ecclesiastiques, elle ne reconnoist que ses propres loix, elle n'a besoin que d'elle-mesme, & ne reçoit point d'autres iugemens que les siens ; ces prerogatiues luy appartié-

Optatus, page 15.

nent à meilleur titre qu'elles n'ap- *Thucidide,*
partenoient autrefois au Temple, *liu. 5.*
& aux Prestres de Delphes. Mais il
faut autant qu'il se peut procurer
l'vnion & la concorde de ces deux
Puissances, puisque comme il est
rapporté en quelque endroit du
septiéme Synode : *Le Sacerdoce est la* *Synode 7.*
sanctification, & le restablissement de *act. 3.*
la Royauté; & la Royauté la force &
l'appuy du Sacerdoce. Les personnes
qui veulent ruïner ou rompre vne
si saincte alliance, doiuent estre
tenues pour execrables, & pour infames, par tous ceux qui prient
pour la paix de Ierusalem, c'est à
dire, qui desirent l'auantage de
l'Eglise, & de leur patrie : Sainct
Bernard qui aymoit l'vne & l'autre,
a escrit excellemment ; *Que mes* *S. Bernard,*
sentimens soient tousiours contraires *epist. 243.*
aux sentimens de ceux qui soustiennent,

que la paix & la liberté des Eglises nuira à l'Estat, & que la prosperité & l'accroissement de l'Estat nuira aux Eglises; car Dieu qui est l'Autheur de l'Eglise, & de la Monarchie, ne les a pas instituées pour destruire, mais pour edifier. Arnoul Euesque de Lizieux, digne d'estre mis au rang de ceux qui donnent de bons aduis aux Roys, parle encore plus clairement:

Arnoul,
epist. 68.

La dignité Ecclesiastique, dit-il, augmente plustost la gloire de la dignité Royale, qu'elle ne la diminuë, & la coustume de la dignité Royale, est plustost de conseruer la liberté Ecclesiastique, que d'en retrancher quelque chose. La dignité Ecclesiastique, & la dignité Royale s'vnissent comme par de reciproques embrassemens, parce que les Roys ne peuuent acquerir leur salut sans le secours de l'Eglise, & que l'Eglise ne peut iouïr du repos & de la paix, ſans la protection des Roys.

C'eſt ce que i'auois à dire de la
liberté des Egliſes, en ce qui regarde les Princes, & ce que i'en ay dit
ne doit pas eſtre pris comme ve-
nant de moy, mais comme prononcé par l'Egliſe, ou par de grands
hommes, que l'Egliſe & l'Eſtat
Politique ont eu en pluſieurs ſiecles.

La liberté des Egliſes a vne autre
face qui regarde le Pape de Rome, *Concile de*
comme Eueſque ſouuerain & vni- *Chalced.*
uerſel de toutes les Egliſes, & *act. 4.*
Eueſque des Eueſques : Car il faut
tenir pour vne verité certaine, que
cette Puiſſance ſupréme n'eſt pas
ennemie de la liberté des Egliſes;
qu'au contraire elle la maintient
par ſes ſoins, la defend par ſa bienueillance, & la protege par ſon authorité. C'eſt pourquoy ceux-là ſe

rrompent qui estiment que l'Eglise
Romaine est la seule Eglise du
Christianisme; que les autres n'en
ont que le nom, qu'elle est la seule
où reside l'authorité Episcopale;
& qu'elle peut commander aux autres imperieusement, les aneantir,
& les destruire à sa volonté.
Le Pape Zosime témoigne qu'il
est bien d'vne autre opinion, en
l'Epistre qu'il escrit aux Euesques
des Prouinces de Vienne, & de
Narbonne; où il parle de l'attentat
fait par Proculus, contre la prerogatiue du Siege d'Arles; *C'est*, dit-il,
*vne entreprise indecente, & qui doit
estre arrestée dés son origine, que
des Euesques estans assemblez en Concile, pour certaines affaires, on extor-
que d'eux des choses que l'authorité mesme de ce Siege ne peut legitimement accorder, parce qu'il n'accorde & ne chan-*

ge rien contre les constitutions des Peres.
L'antiquité à qui les Canons ont imprimé vne saincte reuerence, a ietté de si
profondes racines dans nostre esprit,
qu'elle y conserue vne force inebranlable.
C'est dans ce sentiment que le faiste
de la puissance spirituelle, où Dieu
a eleué l'Eglise Romaine est appellé d'vn nom religieux, Apostolat,
& non pas Empire ; chose que
sainct Bernard a bien representée
au Pape Eugene son Disciple,
quand il luy a escrit ces paroles:
*Considerez principalement que la sain-
cte Eglise Romaine, dont par la grace
de Dieu vous auez la conduitte, est Mere, & non pas Maistresse des Eglises;
& que vous n'estes pas le Maistre des
Euesques, mais l'vn des Euesques.* Ce
grand Sainct adjouste neantmoins
plusieurs eloges, qui témoignent
que le Pape de Rome est de droict

O iiij

*S. Bernard,
liu. 4. de la
Considera-
tion, à Eu-
gene.*

diuin par deſſus tous les Eueſques:
car il le nomme; *Le marteau des ty-*
rans, le Pere des Roys, le Directeur du
Clergé, le moderateur des loix, le diſpen-
ſateur des Canons, le Vicaire de Ieſus-
Chriſt, le Chriſt du Seigneur. Ce n'eſt
donc pas merueille que ſous la lumiere, pour ne dire pas ſous l'om-
bre de cette puiſſance Pótificale, qui
ne domine point ſur le Clergé, ou
qui ne domine ſur luy qu'auec vn
Empire doux, & vne authorité ma-
ternelle, non ſeulement la liberté
des Egliſes reſpire agreablement,
& iouïſſe d'vne heureuſe paix, mais
meſme que leur dignité ſoit illuſtre
& floriſſante. En effect par la moderation de ce gouuernement ſage
& bien reglé, il eſt arriué que quelques Egliſes inferieures de l'Egliſe
Romaine ont eſté nommées Apoſtoliques, pour auoir eſté eſtablies

par les Apoſtres, ou par les ſuccesſeurs des Apoſtres ; comme quelques autres ont eu auſſi ce nom, à cauſe de l'vnité de la foy, & de la conformité de la doctrine Apoſtolique, ainſi que Tertullien & S. Auguſtin enſeignent en pluſieurs lieux. Le Pape Pelagius ſecond n'a point fait de difficulté d'honorer de ce titre quelques Egliſes, non plus que l'Empereur Conſtantin en l'Epiſtre à Agathon. l'Egliſe Romaine par vn droit ſpecial a pris la premiere le nom d'Egliſe Catholique, mais elle n'a pas trouué mauuais que d'autres l'ayent pris apres elle ; témoin cette belle loüange de ſainct Policarpe : *Docteur Apoſtolique, Eueſque de l'Egliſe Catholique de Smyrne.* L'on peut icy remarquer qu'Optatus n'a pas leu le texte Grec de l'Epiſtre eſcrite par l'Egliſe

Tertull. liu. que les Vierges doiuent eſtre voilées, & liu. des Preſcript.

S. Auguſt. epiſt. 162.

Pelag. 2. epiſt. 5. aux Eueſques d'Iſtrie.

Euſebe liu. 14. c. 15.

de Smyrne, d'où est tiré cét eloge;
car il en raporte le titre autrement
qu'il n'est en l'original; voicy ses
paroles: *L'Eglise de Smyrne, à l'Eglise*
Catholique qui est à Philomilie, & aux
autres sainctes Eglises respanduës par l'vni-
uers: & le vray titre de l'Epistre est
escrit en ce sens; *L'Eglise de Smyrne à*
l'Eglise qui est à Philomilie, & à tous
les Dioceses de la saincte Eglise Catho-
lique, en quelque lieu qu'ils soient. Mais
passons outre; le nom de saincte
Eglise, a esté de mesme communiqué aux Eglises inferieures, & nous
voyons qu'il est ordinairement accordé à toutes les Eglises Cathedrales. Ænée Euesque de Paris, en la
formule de l'Epistre Canonique,
ou Dimissoire: *Ænée Euesque de la*
saincte Eglise de Paris. Et le Pape
Symmache en l'Epistre à Cæsarius:
Il est raisonnable, dit-il, *que la saincte*

Eglise d'Arles ioüiſſe de ſes priuileges.
Il n'y a rien de plus frequent dans
les liures ; meſme le titre de premier Siege dont il eſt parlé au Concile de Carthage, eſt accordé auſſi à
d'autres Egliſes par le Pape Hadriá :
Que celuy qui tient le premier Siege,
ſoit ſeulement appellé Eueſque du pre-
mier Siege, ſans preiudice de l'authorité
de l'Apoſtre ſainct Pierre, en tout temps,
& en toutes choſes. Il faut adjouſter
à cela le nom de Mere, que ſainct
Baſile, & ſainct Gregoire de Na-
zianze attribuent à l'Egliſe de Ce-
ſarée. L'Egliſe de Hieruſalem eſt
nommée en l'Epiſtre Synodale,
Mere des Egliſes, à cauſe qu'elle eſt
la premiere où la Foy Chreſtienne
a eſté annoncée. Les autres Egliſes Cathedrales ont eſté auſſi appel-
lées Meres : Le vieux Liure Ponti-
fical de Paris, en la benediction

Pape Nico-
las en fait
mention en
l'epiſt. à
Rotlandus.

Hadrian
aux Capit.
donnez à
Angilram-
ne, c. 23.

S. Baſile,
epiſt. 30.
S. Greg. de
Nazian.
epiſt. 29.

Theodoret,
liu. 5. de
l'hiſt.

d'vn Abbé; *Ie N. promets à l'Eglise N. ma Mere, & à vous Euesque de cette Eglise, toute veneration, & toute obeïssance.* Cæsarius Euesque d'Arles, & Desiré Euesque de Cahors, par leurs testamens ont donné ce titre à leurs Eglises; & le Pape Innocent II. parlant de l'Eglise de Noyon, en l'Epistre à l'Archeuesque de Roüen, la nomme Eglise Episcopale & Mere. Mais auec ces eloges d'honneur, & ces marques de dignité, elles sont toutes filles d'vne seule Mere, à sçauoir de l'Eglise Romaine, qui est le principe & la source de toutes les Eglises. Tout ainsi donc que l'on ne peut dire sans injure, que les filles de bonne naissance, nourries & éleuées sous la puissance de leurs meres, & obeissantes à leurs commandemens, soient leurs seruantes; l'on

ne peut dire aussi raisonnablement,
que les Eglises subjettes à l'Eglise
Romaine, soient reduittes à la condition d'esclaues, & souffrent vne
malheureuse captiuité.

Quant au nom d'Eglise Gallicane, quelques-vns estiment qu'il
est à propos d'appeller les Eglises
de France, au nombre pluriel, du
nom d'Eglises Gallicanes; de peur,
disent-ils, que l'vne de ces Eglises
ne semble s'opposer sous le titre
d'Eglise Gallicane à l'Eglise Romaine, & s'éleuer contre son authorité. Mais outre que comme
l'on dit dans les escoles, toute opposition n'est pas contraire, priua-
tiue, ou contradictoire; qu'il y a
vne opposition relatiue, comme de
la fille à la mere; & que toute com-
paraison n'est pas de choses égales,
qu'elle est aussi de choses qui par

Dans Bel-
larmin, en
la response
au second
Opusc. de
Gerson.

Aristote
aux Cathe-
gories.

proportion ont quelque conuenance ensemble ; il faut auoüer d'ailleurs que ceux qui ont ce sentiment, tremblent au milieu de la seureté, & dans le sein mesme de la paix, & sont merueilleusement timides, ou superstitieux ; le terme d'Eglise Gallicane, n'est-ce pas celuy dont vsent les Souuerains Pontifes ? S. Gregoire le Grand escriuant à Augustin Euesque d'Angleterre : *Ie trouue bon*, dit-il, *que vous faßiez élection de ce que vous auez rencontré de plus agreable à Dieu, soit dans l'Eglise Romaine, soit dans l'Eglise Gallicane, soit dans quelqu'autre Eglise que ce soit.* Ainsi parle le Pape Alexandre troisiéme, en la canonisation de sainct Bernard ; & fort souuent au troisiéme Concile de Latran ; ainsi parle le Pape Innocent troisiéme ; *Les bans estans* publiez selon la coustume de l'Eglise Gallicane. Mais ce n'est que trop m'arrester aux authoritez des Anciens, nostre sainct Pere Vrbain, Docteur de tout le monde, me doit suffire pour tous, & son témoignage vaut celuy de tous les autres. Voicy comment il a escrit autrefois au grand Cardinal de Richelieu : *Vous que l'Eglise Romaine embrasse comme son fils bien-aymé, lancez les tonnerres de vostre voix, & les foudres de vostre parole puissante, & comme vn oracle de verité, faites entendre par tout ces diuins conseils, qui releuent la sagesse de l'Eglise Gallicane au dessus de la sagesse humaine.*

Vrbain 8. au Bref dō-né à Rome à saincte Marie Maieure, le 7. May 1626.

Mais apres auoir parlé du nom, examinons quelles sont ces libertez de l'Eglise Gallicane, si renommées & si celebres : Ie pourois les comprendre toutes en vn mot, en

difant ce qu'Optatus n'a pas mefme diffimulé, quelles font ce qu'on
appelle, *Le Droict Commun*, à l'exception de celles qui ont efté chan-
gées par les Concordats faits entre
le Souuerain Pontife & le Roy.
Toutesfois pour en parler vn peu
plus clairement, fans m'engager de traicter de toutes en particulier, ie les rapporte ou à la dignité, ou à la iurifdiction, ou à la
couftume.

Celles-la concernent la dignité
qui touchent le rang des Eglifes
entr'elles; car comme elles n'ont
pas efté eftablies en mefme temps,
& qu'il y en a de plus anciennes, il
y en a aufli de plus éleuées en preé-
minences, & en prerogatiues que
les autres: de ce nombre font principalement celles qu'Eufebe appelle Eglifes Metropolitaines, In-
fignes,

signes, Excellentes, & Illustres:
Il y a vn Canon au Concile de
Nicée, où il est parlé de ces prerogatiues : *Que les prerogatiues qui
appartiennent aux Eglises, leur soient
conseruées.* Elles sont nommées par
sainct Leon; *Les propres honneurs,
& les propres ornemens des Eglises :* On
les appelle aussi priuileges, si toutesfois il n'est pas plus à propos de
distinguer les priuileges qui sont de
grace, d'auec les prerogatiues qui
sont de droict : Mais il est certain
qu'on les confond, & qu'on se sert
de ces deux termes indifferemment.
Sainct Leon en l'Epistre à Marcian,
employe celuy de priuileges : *Les
priuileges accordez par les Canons des
saincts Peres aux Eglises (Gratian
adjouste temerairement) aux Monasteres ne peuuent estre abolis par les
attentats des meschans, ny changez*

P

*Concile de
Nicée Can.
6. & de
Constantin.
c. 2.*

*S. Leon ep.
à Anatol.*

*Socrate, liu.
5. de l'hist.
Eccl. c. 19.*

*S. Leon, ep.
52. ou 54.*

par de nouuelles loix ; *& c'est en cela
que les Pontifes de ce sainct Siege doiuent par la grace de Iesus-Christ, faire
paroistre leur constance, & la fidelité
de leur ministere : C'est à nous que la
dispensation des Canons a esté commise,
& nous sommes coulpables deuant Dieu,
si les regles des Peres sont violées de nostre consentement, ou par nostre negli-
gence.* Le Pape Hilare dit, que ces
preeminences de dignité, sont priuileges
des Eglises, & non pas des personnes:
D'où vient qu'apres la condemna-
tion du Patriarche Dioscorus,
sainct Leon escrit : *Que le Siege
d'Alexandrie ne perde rien de sa dignité ; parce qu'autre chose est de Siege, autre chose est celuy qui y pre-
side.*

La jurisdiction qui est acces-
soire à la dignité, doit auoir aussi
sa liberté, pour estre legitimement

Hilare,
epist. 4.

exercée; mais sa conseruation dépend de l'authorité, & de la protection du premier Siege, tant s'en
faut que l'on doiue craindre que le
premier Siege ne l'en priue, ou n'y
apporte quelque diminution:
Sainct Leon commettant Anastase
pour l'exercice de sa puissance dans
les Prouinces de l'Orient: *Suiuant* s. *Leon. ep.*
les Canons des sainéts Peres, qui ont, 82. *ou* 84.
dit-il, esté faits par l'Esprit de Dieu, &
qui sont consacrez par la veneration de
tout le monde; Nous voulons que les
Euesques Metropolitains de chaque
Prouince, sur qui s'estend vostre sollicitu-
de, par le pouuoir que nous vous auons
donné, ioüissent plainement du droiét de
dignité que l'antiquité leur à accordé.
Ce droict de dignité est le droict
de jurisdiction, comme le mesme
sainct Leon l'explique en suitte;
Quant aux droicts de puissance

qui sont annexez à la dignité, encores que sainct Gregoire escriuant à Dominicus Euesque de Cartage, les nomme priuileges, selon la plus estenduë signification de ce mot; il témoigne toutesfois qu'il est obligé de les conseruer à ceux qui en iouïssent, comme prerogatiues de Iustice: *Tenez*, dit-il, *pour chose indubitable touchant les priuileges des Eglises, que comme nous defendons nos droicts, nous conseruons aussi à toutes les Eglises, les droicts qui leur appartiennent; ie ne feray point de grace à personne par dessus son merite, quelque faueur qu'il ait; & ie n'osteray à personne ce qu'il possede iustement, quelque credit qui sollicite contre luy.*

Enfin la coustume des Eglises doit aussi estre maintenuë en sa liberté, pourueu que ce soit vne coustume *raisonnable, & legitime*

ment preſcrite. Sainct Irenée Eueſque François, diſoit fort élegam-
ment que cette diuerſité de couſtumes conſerue l'vnion de la Foy:
Cette differente ſorte de ieuſnes, eſt
vne chaiſne qui lie eſtroittement la concorde de la doctrine Euangelique.
Sainct Augustin approuue meſme
la varieté des couſtumes indifferen-
tes, & voicy comment il en parle:
Il eſt libre d'obſeruer toutes ces choſes,
en quelque Egliſe que vous-vous trou-
uiez, vous deuez garder les vſages qui y
ſont receus, ſi vous voulez ne porter
ſcandale à perſonne, & que perſonne
ne vous en porte: I'ay touſiours eu cette
opinion, & ie l'ay touſiours autant eſti-
mée, que ſi elle m'eſtoit venuë des oracles
meſmes du Ciel. Et apres tout ſainct
Hieroſme conſeille à chacun de
ſuiure les couſtumes de ſon Egliſe,
auec le meſme reſpect qu'il ſuit

S. Irenée
dans Euſe-
be, liu. 5.
ch. 26.

S. Auguſt.
ep. 86. 118.
& 119. &
liu. des Dog
m s de l'E-
gliſe, ch. 22.

S. Hieroſ.
epiſt. 28.

les Constitutions Apostoliques.

Que s'il faut parler particuliereement de la liberté des coustumes de l'Eglise Gallicane, le Pape Alexandre III. l'approuue en plusieurs endroicts du troisieme Concile de Latran; & quoy qu'elle soit quelquesfois contraire à la coustume de l'Eglise Romaine, il ne veut pas qu'on la meprise : *Encores*, dit-il, *que l'Eglise Romaine n'ait pas accoustumé de separer pour quelque vice, froideur, & infirmité naturelle, ceux qui sont legitimement conjoincts, si toutesfois la coustume generale de l'Eglise Gallicane veut que pour ce sujet on puisse dissoudre vn mariage, nous le supporterons patiemment.* Et Innocent III. rapporte la solemnité des proclamations des bans des mariages, à la coustume de l'Eglise Gallicane.

Cap. 2. de Frigid.

Innocent 3. cap cum in tua de sepa- sal.

Voila les chefs principaux des
libertez de l'Eglise de France assez
solidement establis, on les peut
nommer auec les paroles de l'Euef-
que Eunonius, *Prerogatiues Canoni-*
ques; & l'on peut dire qu'ils sont
fondez sur l'authorité des Canons,
sur le Droict & sur la Coustume.
Ce n'est pas icy vn ouurage où ie
puisse parler de toutes ces prerogatiues en particulier, où ie puisse
traicter de toutes leurs especes, &
de toutes leurs conditions: Ie passe
donc au poinct de l'immunité des
biens Ecclesiastiques, que i'exami-
neray contre les inuectiues d'Optatus au liure suiuant.

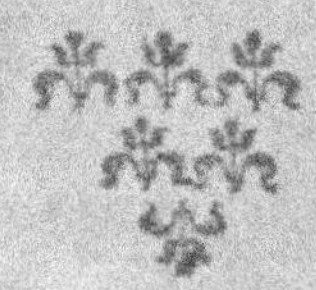

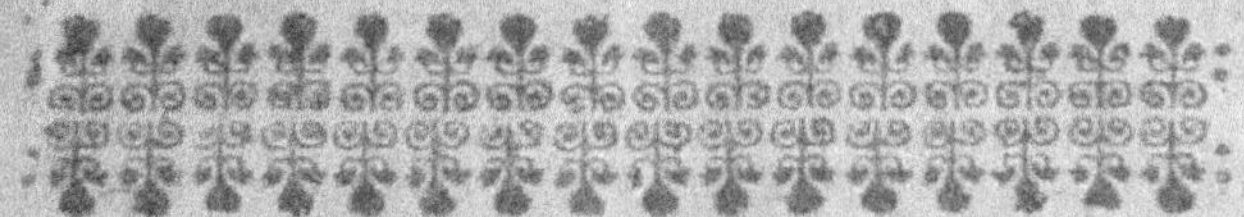

DV LIVRE D'OPTATVS,

Page 16.

CE Liure des Libertez fait tous efforts poßibles pour estendre la puißance Politique, non seulement sur les personnes qui seruent à l'Autel, mais aussi sur les biens dediez à Iesus-Christ, par vne reuocation & vne destruction entiere du priuilege Clerical, & de l'immunité Ecclesiastique: Mesme l'on a glißé dans le second volume vne certaine bulle, qui est sous le nom de Boniface VIII. & qui contient ce semble vn priuilege donné par le Pape à Philippes le Bel, petit fils de sainct Louys, de prendre des contributions d'argent sur le Clergé, pour secourir le Royaume, &

pour l'assister contre ses ennemis, mesme
sans le consentement des Euesques François. C'est la seconde machine que l'on
a preparée pour former le Schisme, &
qu'vn Surjntendant des Finances, homme
extremement cruel, & ennemy irreconci-
liable de l'Eglise de Iesus-Christ, lance
auec de grands efforts & des cris épou-
uantables contre le Clergé estonné, trem-
blant, & injustement intimidé : Mais
que cette machine infernale ne vous
effraye pas, &c.

Page 20.

CEux qui desirent de voir vn
Schisme en France, ioignant la
peau du Renard à celle du Lyon, vous
ont depuis peu subtilement enuoyé quelques personnes, mesme de vostre Ordre
sacré; mais des personnes peu aduisées,
& n'ayans pas assez d'affection pour

l'Eglise Romaine, pour vous donner vn conseil, qui semble auoir pour but le soulagement du Clergé de France, & qui en effet tend à l'establissement du Schisme, & de l'impieté : C'est à sçauoir, qu'il ne faut plus payer selon l'ancien vsage, les Annates deuës au Souuerain Pontife, en vertu des Concordats, &c.

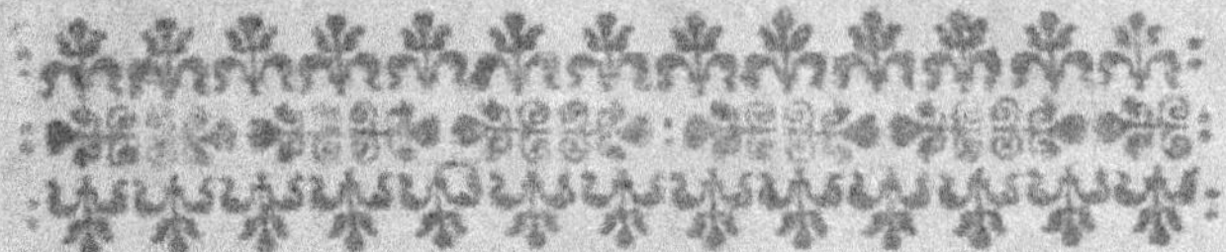

LIVRE V.

DES SECOVRS
d'argent , dont le Clergé
assiste le Roy & le Pape.

IL ne faut pas s'estonner si les premiers Chrestiens, qui mettoient entre les plus importantes veritez celle-cy, que le Ciel est nostre veritable patrie, & le lieu bien-heureux où nous deuons viure eternellement , *estimoient qu'ils estoient obligez par dessus toutes choses de s'éloigner du soin des affaires publi-ques , sans se dispenser toutesfois des*

Tertul.
Apologet.
c. 38.

offices communs de la charité.
C'estoit le premier argument dont
ils auoient accoustumé de se seruir,
pour se defendre de cette imperti-
tinente calomnie des Gentils, qui
les accusoient d'estre amateurs des
choses nouuelles: *Ce sont des Chre-*
stiens , ce sont des Samaritains , di-
soient les infideles, à qui le gouuerne-
ment present de l'Estat, par vne dange-
reuse liberté est tousiours desagreable.
Si Optatus eust vescu en ce temps
là, les Payens eussent eu raison de le
prendre pour vn Chrestien, tel que
les Chrestiens estoient dans leur
opinion ; & au contraire il semble
maintenant qu'Optatus vueille
qu'on le prenne pour vn Payen,
par les inuectiues qu'il vomit contre toute sorte de personnes, & par
les outrages dont il attaque, non
pas seulement auec liberté , mais

Flauius Vo-
pifcus, in
Saturn.

auec vne licence diſſoluë & effre-
née , la moderation du regne de
Louys le Iuſte. Il ſe iette auec fureur ſur l'Eſpargne de ſa Majeſté ; il
ne foüille pas dans le treſor public
auec la main , mais ſa langue y fait
des rauages ; il ſe meſle d'en re-
chercher curieuſement les ſecrets , il
dit que le Surjntendant des Finances de France a l'ame dure & cruelle,
& pour exprimer ſa dignité , il vſe
de termes impropres , & qui ont
vn autre ſens, il ne parle pas Latin,
& fait vne faute dont les plus petits
Grammairiens le pourroient releuer: Enfin les ſentimens qu'il a de
ce grand Perſonnage, ne ſont pas
d'vn François, ny d'vn homme rai-
ſonnable. Et certes vn Eſcriuain ſage, & à qui la paſſion n'euſt pas
offuſqué les lumieres de l'eſprit, ne
ſe fuſt point aduiſé d'outrager ſi

temerairement vne personne illustre par sa noblesse, éleuée au faiste
de la gloire par sa dignité, appellée
aux conseils de sa Majesté par son
merite, vn Magistrat qui a passé par
les grandes charges auec tout l'honneur qu'on y peut acquerir, qui est
reuestu de celle de President au Parlement, & qui en exerce encores
vne, dont les labeurs fascheux &
difficiles l'exposent à l'enuie, & le
chargent d'vne infinité de soins.
Mais il a cét auantage que le Roy
iuste estimateur de la vertu, connoist son integrité, & est satisfait
de ses seruices, & puis qu'il est ap-
prouué par son Maistre, & que la
fidelité de son ministere luy donne
part aux bonnes graces de sa Majesté, il doit auoir l'approbation de
tous les bons François. Mais examinons la plainte d'Optatus; Il dit
que

que l'Eglise gemit sous la pesan-
teur des subsides, & que les imposi-
tions qui s'establissent sur elle auec
injustice, se leuent aussi sur elle auec
violence. Toutes suppositions, &
toutes calomnies : A la verité les
biens de l'Eglise doiuent estre tenus
de droict pour biens consacrez, &
les Princes mesmes les doiuent considerer comme choses dediées à
Dieu ; neantmoins il est permis aux
Princes dans les occurrences de
leurs affaires, de demander à l'Eglise
qu'elle les assiste de ses biens, &
qu'elle contribuë aux necessitez de
la patrie, dont elle est le premier ordre ; elle y est mesme obligée par ses
propres interests ; car puisque
l'Eglise est dans l'Estat, & que
l'Estat n'est pas dans l'Eglise, comme disoit cét autre Optatus, qui
estoit sans doute plus homme de

Q

bien que celuy que nous combattons, il est tres-important à l'Eglise que l'Estat subsiste, & que la Republique cét illustre nauire où elle est embarquée, resiste à la tempeste, & se garantisse du naufrage : Elle ne fait donc aucune perte quand elle employe vne partie de ses richesses pour le seruice de l'Estat, parce que c'est plustost pour son auantage qu'elle est en cette occasion liberale de ses biens, & que si elle faisoit autrement, elle ne mettroit pas seulement en peril ses commoditez temporelles qu'elle méprise, mais son propre salut, qui contient le salut vniuersel. Peut-on douter que *Henriquez* les assistances que l'Eglise pour son *liu. 10. ch.* interest doit à la conseruation de *15. Nauar-* l'Estat, & qu'elle doit à sa conseruation *re des reue-* tion pour l'interest de l'Estat mes-*nus de l'E-* me, ne puissent estre iustement de-*glise, q. 1.*
&c.

mandées par le Prince, & qu'il n'ait
droict de s'en seruir pour maintenir
l'Eglise & l'Estat, & pour empescher
la perte de l'vne & de l'autre? Quelques-vns rapportent sur ce sujet
l'exemple de Roboam, toutesfois
il semble qu'ils ne le rapportent
pas fort à propos, d'autant que par
la lascheté de ce Prince, Sesac Roy
d'Egypte, que l'on dit estre le mesme que Sesostris, entra sans résistan-
ce dans Ierusalem, & y pilla les tresors de la maison de Dieu. Mais
Ioas pour obliger Hazael Roy de
Syrie de se retirer de deuant cette
saincte ville, & pour en empescher
la ruïne, *prist toutes les offrandes que ses*
Peres auoient presentées au Temple, &
consacrées à Dieu, afin de surmonter
par des presens celuy qu'il ne pouuoit vaincre par la force; Ezechias
en fist autant depuis, pour éuiter les

2. *Paralip.*
c. 12.

4. *des Rois*
c. 12. *&* 18.

Q ij

inuafions du Roy d'Affyrie , mais ce
fut fous le nom infame de tribut.
Nos Roys procedent auec bien
plus de generofité , & leurs actions
font incomparablement plus illuftres ; car s'ils ont quelquesfois demandé fecours à l'Eglife , ce n'a efté
qu'apres qu'ils ont mis leurs forces
en campagne pour combatre leurs
ennemis ; ils n'ont pas recherché
cette affiftance dans la crainte de la
feruitude , mais dans vne efperance
prefque affeurée de la victoire, & ne
l'ont recherchée que lors qu'il a efté
queftion de defendre l'Eglife , &
d'affeurer fa dignité , ou de repouf-
fer des efforts qui n'eftoient pas
moins redoutables à l'Eglife qu'à la
Monarchie. En effect les Prouinces eftans defolées , les villes deftrui-
tes, les villages ruïnez, il n'y a plus de
Temples ny d'Autels ; les Temples

& les Autels estans renuersez, la Religion se perd, & la pieté n'a plus cette pureté qui la rend si florissante. La vertu du Roy que Dieu anime de son Esprit, est comme vn augure de salut, qui nous asseure de la conseruation de toutes ces choses; nous sommes protegez par ses soins, nous combatons les ennemis, nous nous exposons aux perils auec luy, & son bon-heur nous rend victorieux: Ainsi puisque le Roy ne dénie sa protection puissante à aucun de ses subjets, il peut iustement desirer sans s'éloigner des mouuemens de sa bonté Royale, que tous ses subjets le secourent dans les necessitez de son Estat. Il semble mesme que ce soit vne condition tacite des bien-faits de nos Roys, dont la liberalité a fondé, doté, & enrichy si grand nombre de belles Eglises, que si pour leur iuste defense il est necessaire qu'elles assistent le public d'vne partie des biens qui leur ont esté donnez, elles soient tenuës de l'en secourir sans retardement: Et sans resistance, lors que le Roy leur fait entendre qu'il en a besoin ; & d'ailleurs les franchises & les immunitez n'estans accordées aux biens des Eglises qu'en faueur des pauures, comme nous enseigne le Concile d'Orleans, il est extrement iuste que l'Eglise qui est riche des bien-faits de la patrie, en tire dequoy soulager sa patrie, quand ses incommoditez l'obligent de luy demander secours. Ie n'ignore pas que l'ordonnance du Roy Clotaire veut que ses Officiers n'imposent aucune charge sur l'Eglise, sur le Clergé, & sur toutes autres personnes de quelque condition qu'elles soient ; mais cette

Concile 1. d'Orleans, sous Clouis, l'an 511.

Ordonnance de Clotaire, tome 2. des Conc. François, l'an 560.

ordonnance est plustost vn priuilege qu'vne loy publique ; & le Pape
Gregoire premier a iugé que l'immunité de l'Eglise ne doit pas estre si
generale, & qu'elle doit cesser lors
qu'il est questiō de la desése de la ville de Rome. Dauantage il est certain
que ce grãd priuilege d'exemption a
son effect limité hors le cas de necessité, qui est vne loy souueraine, ou
plustost dont la puissance souueraine ne reconnoist point de loy.

Mais Optatus oppose que l'on
vse de violence, & pour la faire
paroistre plus furieuse & plus redoutable, il adiouste que c'est vne machine infernale dont on veut abba-
tre la dignité de l'Eglise, & que
l'Eglise doit repousser auec generosité. Ne vous forgez point de
chimeres, Optatus, on n'a iamais
remué de machines pour violenter

*S. Greg. liu.
7. ep. 20.
& au ch. 2.
d Immuni-
tate Eccls.*

Q iiij

l'Eglise, on n'a mesme iamais rien
leué sur les Eglises sous le nom de
tribut, quoy que nous ayons dans le
corps du Droict ce témoignage de
sainct Vrbain Pape: *Le tribut a esté*
trouué, comme dit sainct Pierre, dans la
bouche du poisson, parce qu'il faut que
l'Eglise selon les regles des anciens Peres
paye de ses facultez externes le tribut
aux Empereurs, qui doiuent nous prote-
ger & nous defendre. Mais nous ap-
prenons du Concile de Paris, que
nos Roys ont exempté entierement les biens de l'Eglise de telles
prestations, déchargé les Prestres
de payer aucuns cens pour leurs possessions, & ordonne la mesme chose que Demetrius ordóna autresfois:
Ie vous remets tous les tributs, l'imposi-
tion du sel, & la redeuance des couron-
nes d'or; que Ierusalem soit saincte,
qu'elle ioüisse d'vne entiere franchise

dans l'estenduë de ses limites, que les de-
cimes & les tributs luy appartiennent.
Ces priuileges sont beaux, ces priuileges sont iustes pendant le regne
de la paix, lorsque chacun peut demeurer en repos auprés de sa vigne
& de son figuier, & posseder sans
trouble ce qu'il a de fortune; mais
quand il est arriué vn temps plein de
difficultez & d'épines, le tresor public estant épuisé, le peuple reduict
à la misere, les armées abbatuës de
famine, l'Eglise en cette extremité
s'est monstrée volontairement liberale, & s'est portée d'elle-mesme
à faire vn fonds pour assister sa patrie, à l'exemple de cette pieuse con-
tribution, si hautement recomman-
dée par l'Euesque Synesius, qui
comme il dit, n'a point esté *baignée*
de larmes. C'est à ce traictement fauorable que l'Eglise a tousiours re-

3. des Rays.

Synesius, epist. 73.

ceu de la France que se rapporte ce que nous lisons dans les Capitulaires: *Pour rendre nos actions conformes à nostre deuoir, pour donner connoissance à tout le monde de nostre intention, & pour laisser à nos successeurs vn illustre exemple de moderation & de pieté, nous deffendons generalement qu'aucune personne laïque, ou Empereur, ou Roy, ou Gouuerneur, ou Comte, ayant en ses mains la puissance seculiere, n'entreprenne d'enuahir par violence sous nostre authorité, ou par quelqu'autre moyen que ce soit, les Monasteres, les possessions, ou toutes autres choses, &c.* C'est vne loy que nos Princes se sont imposée, & qu'ils ont tousiours gardée religieusement, ils ont mesme trouué bon que dans les occasions on leur en ait fait des remonstrances, auec le respect & la retenuë dont les subjets doiuent traicter auec leurs

Souuerains; nous en auons vne belle preuue dans cette excellente exhortation des Euesques de France,
aux trois freres Lothaire, Louys, &
Charles le Chauue, pour obtenir
la confirmation des immunitez des
Eglises : Ces Prelats demandent la
conseruation de leurs priuileges, &
toutesfois ils ne laissent pas d'offrir
aux Princes François le secours
dont l'Estat auoit besoin ; leur discours est long, mais il est plain de
poids & d'authorité : *Princes tres-*
Chrestiens, disent-ils, *nous vous admo-*
nestons auec veneration, & nous vous
supplions auec humilité, de vous souue-
nir du salut de vos augustes personnes
pendant cette vie, & du salut eternel que
le Ciel vous prepare apres la mort ; de
vous souuenir de la liberalité de vos ance-
stres enuers les sainctes Eglises, qui les a
fait regner heureusement, & les a rendus

Concile de
Thionuille,
de l'an
844.

victorieux de leurs ennemis ; de vous remettre en la memoire auec quelle saincteté auant que Iesus-Christ eust répandu
son sang pour les hommes, au temps de
la grande famine de l'Egypte, par le sage gouuernement de Ioseph, mesme sous
le regne impie de Pharaon, la terre du
domaine des Prestres leur fut conseruée
franche & exempte de charges & de
seruitudes, de jetter les yeux sur tant de
beaux exemples des sainctes Escritures,
afin qu'estant nourris du laict salutaire
de l'Eglise, & remplis abondamment de
la substance de sa doctrine, vous rendiez
vostre temps illustre par de pieuses actions,
prenez le soin de recoudre promptement
cette sacrée tunique que les soldats Iuifs
n'oserent mettre en pieces, cette robbe de
Iesus-Christ, qui vous a esleus pour
exercer sa puissance sur la terre, & qui
vous a esleuez à vne si haute dignité,
n'entreprenez pas de rauir aux Eglises

les choses qui leur appartiennent, par
vne spoliation violẽte, ny en confirmãt des
loix injustes, puisque Dieu ne les a mises
sous vostre direction, que pour les conseruer, pour les defendre, & pour les augmenter, &c. Lors que vous-vous rendrez
agreables à Dieu, il accomplira en vous ce
qu'il a promis ; Lors, dit-il, que les voyes
de l'homme seront agreables au Seigneur,
il disposera tous ses ennemis à la paix:
A fin donc que vous puißiez plus facilement procurer à vostre siecle vn bon-heur
si desirable, tous les Ecclesiastiques vous
offriront promptement, & de bonne volonté, vous accorderont sans remise comme ils auoient accoustumé du temps de vos
peres, non seulement les assistances spirituelles des prieres addreßées à Dieu pour
vostre prosperité, mais aussi les secours
temporels necessaires à vostre Estat, chacun selon la puissance & les commoditez
de son Eglise, sans toucher toutesfois à ce

qui se doit employer pour la nourriture de ceux qui seruent à l'Autel. Il ne se peut rien adjouster pour confirmer la verité de la question que nous trai-ctons, à ce celebre témoignage du Clergé de France.

Mais puis qu'Optatus s'est efforcé de conuaincre la France de supposition, sur le sujet de la Bulle du Pape Boniface VIII. qui permet de leuer des contributions sur le Clergé, pour la defense du Royaume, mesme sans attendre le consentement des Ecclesiastiques, encores que la France n'ait pas besoin de cette Bulle pour establir ses prerogatiues, neantmoins pour la defendre du crime de faux, il est à propos d'en dire quelque chose. Boniface VIII. ayant publié en l'année 1296. sa Decretale, qui commence, *Clericis laicos,* & qui

defend ſous peine d'anatheme aux
Princes de prendre aucuns deniers
ſur le Clergé, & au Clergé d'accorder aucun ſecours aux Princes ſur
les biens de l'Egliſe, ſans l'authorité
du Siege Apoſtolique ; le Roy Philippes le Bel fiſt dreſſer ſes reſpon-
ſes contre cette Conſtitution Pontificale, qu'il enuoya au Pape, auec
vne Requeſte des Prelats de ce
Royaume ; les raiſons qui y ſont
employées ſont entr'autres celles-cy :
*Que l'Egliſe eſt compoſée non ſeule-
ment des Eccleſiaſtiques, mais auſſi des
Laïques, que les Princes ont accordé aux
Eccleſiaſtiques les libertez dont ils ioüiſ-
ſent, que les Eccleſiaſtiques qui ont
eſté enrichis par la pieté des Princes ne
doiuent pas comme des parties qui ne gar-
dent aucune correſpondance auec leur
tout, comme des membres inutiles & pa-
ralytiques, refuſer de rendre à leur chef*

*Treſor des
Chartres,
c. 29.*

*& à leur corps les secours dont ils luy
sont redeuables, enfin que c'est offenser
le droict naturel que de dénier à quelque
personne que ce soit, de condition franche
ou seruile, Ecclesiastique, ou Laïque,
noble ou roturiere, la liberté d'opposer au
glaiue de l'ennemy le bouclier d'vne iuste
defense, ou de payer la solde à celuy qui
est armé pour l'en garantir.* Ces con-
siderations eurent tant de pouuoir
sur l'esprit du Souuerain Pontife,
que par vne autre Bulle dattée de
l'ancienne Rome, du 22. Iuillet, de
l'année troisiéme de son Pontificat,
qui estoit l'année 1297. il declara:
*Premierement que la prohibition faite au
Clergé par la premiere decretale ne s'é-
tédoit pas aux dõs ou aux prests faits vo-
lõtairement par les Prelats & personnes
Ecclesiastiques du Royaume, aprés en
auoir esté requis & amiablement sollicitez de la part du Roy. En second lieu,*
que

que cette Constitution n'empeschoit pas
la prestation des droicts feodaux & cen-
suels, ny de toutes autres redeuances Sei-
gneuriales, & de tous seruices reseruez
par les inuestitures des biens de l'Eglise, ou
deubs par les Ecclesiastiques, tant au
Roy, qu'aux autres Seigneurs temporels
par le droict, ou par la coustume. En
troisiéme lieu, que les Clercs qui ne vi-
uoient pas clericalement, & qui se trou-
uoient engagez dans des actions deshon-
nestes, vilaines, ou sanguinaires, n'estoient
point compris dans cette Decretale: Enfin
nous adjoustons à nostre Declaration, dit
le Pape, que s'il arriue que vostre
Royaume soit menacé de quelque grand
peril, si de vostre temps, ou du temps de
vos successeurs, la France est si puissamment attaquée, qu'il soit necessaire de
prendre les armes pour la defendre de tous
costez, ou pour en defendre vne partie,
nostre Constitution n'aura point de lieu en

*ce cas de neceßité, & qu'alors il sera en
voſtre pouuoir, & au pouuoir de vos ſuc-
ceſſeurs de demander aux Prelats, & à
tous les Eccleſiaſtiques de voſtre Royaume, & de leuer ſur eux, pour vne ſi iuſte
defenſe, les ſecours & les contributions
neceſſaires, & que les Prelats & toutes
perſonnes Eccleſiaſtiques ſeront tenus de
vous les fournir, de les fournir à vos ſuc-
ceſſeurs, ſous le nom de quote, ou autrement, meſme ſans auoir beſoin du conſentement du Souuerain Pontife de Rome, &c.* Optatus s'eſcrie que cette
Bulle eſt fauſſe, parce qu'il pretend
qu'elle eſt contraire à la vraye Decretale de Boniface, qui commence
Clericis, que l'vne accorde ce que
l'autre defend. N'eſt-ce pas là vn
bel argument? Quoy ſi elle eſt contraire à la premiere Decretale de
Boniface, s'enſuit-il qu'elle ſoit
fauſſe? Ne ſçait-on pas que les der-

nieres loix derogent aux premieres,
& que pour cela les premieres ne
conuainquent pas les dernieres de
faussetè? Mais nous dénions qu'elles soient proprement contraires
l'vne à l'autre; la seconde interpre-
te la premiere, excepte de sa disposition le Roy tres Chrestien, qui
n'auoit pas auparauant proposé ses
defenses, & limite son exception à
certaines conditions, & principalement aux cas de peril euident, de
grande necessité, & de iuste defense.
Accordons neantmoins que la derniere Bulle soit contraire à la premiere, Optatus n'en tirera pas
beaucoup d'auantage; car il ne faut
pas qu'il fasse si grand estat de cette
Decretale, & s'il l'estime tant, nous
l'estimons bien moins que luy.
Vous dites, Optatus, que presque
au mesme moment qu'elle a esté

Optat. pag. 17.

faite par le Pape, les actes d'vn Concile tenu à Lyon l'ont si expressement confirmée, qu'il semble que ce Concile n'ait esté assemblé que pour ce seul sujet. Voila de grandes paroles; mais dites-moy, ie vous prie, quel a esté ce Concile? vous voulez que l'on croye qu'il a esté Oecumenique, vous ne le persuaderez qu'aux ignorans; c'est vn

Polidor. Virgil. liu. 17.

Concile dont on ne parle point, dont on ne marque point le temps, & dont enfin les Autheurs qui ont escrit sous le Pontificat de Boniface, ou de ses plus proches successeurs, ne font aucune mention: Mais il ne se peut que vous n'ayez appris que cette Decretale *Clericis*, n'a point d'authorité parmy les Canonistes, parce que le Pape Be-

Benoist en l'Extrauag. quod olim.

noist XI. y apporta quelques restrictions, & qu'apres elle fust en-

tierement abrogée par le Pape Clement cinquiéme : *A cause,* dit il, *des
scandales, des accidens perilleux, & des
desordres importans qui s'en sont ensui-
uis.* Continuez maintenant, Optatus, si vous osez de faire tant de bruit
en faueur de cette Constitution de
Boniface.

Il faut retourner à nostre Bulle,
& examiner les autres moyens que
vous employez pour la combatre.
La circonstance du temps, obiectez
vous, en fait reconnoistre la supposition ; car elle est dattée de l'année
troisieme du Pontificat de Boniface, & dés lors cette grande querelle
d'entre Boniface & le Roy Philippes estoit allumée. Ie vous responds,
que la circonstance du temps en
fait reconnoistre la verité, parce
que lors cét important differend
d'entre Boniface & Philippes n'a-

uoit point encores éclatté, comme
il paroiſt par vne autre Bulle de la
meſme année, que le Pape Boniface
accorda au Roy, pour prendre la
moitié de tous les legs qui ſe fe-
roient dans ſon Royaume pendant
dix ans, pour ſeruir aux frais de la
guerre; il ſe trouue encores vne autre Bulle de cette meſme année, qui
permet d'employer au meſme effect
la moitié de l'argent qui eſtoit
deub à deux Eueſques de Tholoſe;
il y a encores vne autre troiſiéme
Bulle de la meſme année, qui fuſt
expediée à la priere de Philippes,
pour la Canoniſation de S. Louys
ſon ayeul, que Boniface miſt au
nombre des Sainéts: On voit enfin
dans le Treſor des Chartres de France pluſieurs autres Bulles, qui furent
enuoyées les années ſuiuantes par
Boniface au Roy Philippes, & qui

contiennent des graces & des témoignages de bonne intelligence,
iusques en l'an 1301. que Boniface
permit à Philippes de leuer vne
decime sur les biens de l'Eglise, &
ce fuſt sur la fin de cette année que
leur diuiſion commença. Où aurez-
vous maintenant recours, Optatus? quel ſera voſtre refuge ? vous
adreſſerez-vous à du Moulin, que
vous n'auez pas meſme épargné,
encores qu'il vous ſoit fauorable?
Ce Iuriſconſulte datte cette Bulle
de la treziéme année, au lieu de la
datter de la troiſiéme année du Pontificat de Boniface ; mais il a beſoin
de lenitif qui adouciſſe ſa paſſion ;
& quant à vous, Optatus, il vous
faut vne meilleure veuë que la voſtre : Nous oppoſons à l'erreur de du
Moulin l'authorité du meſme Pape
Boniface, qui par la Bulle qu'il fiſt

Car. Mo-
lin. in ſtilo
Cur. partie
4. des
droiÃ§ts &
priuileges,
priuilege 4.

R iiij

expedier pour la reuocation des graces qu'il auoit accordées à Philippes le Bel, fait mention de celle-la,
donnée en l'ancienne Rome, *& portant*
pouuoir de prendre des contributions d'ar-
gent sur le Clergé. Mais c'est assez parler sur ce sujet, où ie ne me fusse pas
si long-temps arresté, si la calomnie d'Optatus ne m'y eust forcé,
i'eusse passé par dessus vne objection si vaine, si sa rage contre la
France ne m'eust obligé de la iustifier contre ses impostures: En effect
c'estoit chose fort superfluë de monstrer que le Roy Philippes a obtenu
du Pape Boniface le droict de faire
des leuées sur le Clergé, sans la permission & le consentement du S. Pere, parce que les Roys ses successeurs
l'ont souuent demandé aux souuerains Pontifes, lors mesme qu'il
n'estoit pas necessaire.

Bulle reuo-
catoire du
4. Decem-
bre 1301.
7. du Pon-
tificat.

Si Optatus euſt eu vn peu de bon
ſens, il n'euſt point parlé des deniers
que le ſainct Pere tire du Clergé de
France; mais puis qu'il n'a peu s'ab-
ſtenir d'en parler, nous ſommes
obligez d'examiner le diſcours qu'il
en fait. *On inſinuë*, dit-il, *dans vos
eſprits, qu'il ne faut plus payer ſelon
l'ancien vſage, les Annates deuës au
Souuerain Pontife en vertu des Concordats.*

 Il y a dans Euſebe vn lieu celebre, où Denys Eueſque de Corinthe recommande magnifique-
ment la charité de l'Egliſe Romaine enuers les autres Egliſes : *Nous
auons*, dit Euſebe, *vne Epiſtre de Denys aux Romains, dediée à Soter leur
Eueſque, dont il n'eſt pas hors de
propos de rapporter les paroles, parce qu'elle approuue ſingulierement
vne couſtume de l'Egliſe de Rome,*

Optatus ſe
trompe, il
n'ē eſt point
parlé dans
les Concor-
dats.

Euſebe liu.
4. de l'hiſt.
Eccl. c. 22.

qui a esté gardée iusques à la persecu-
tion dont le Christianisme est mainte-
nant affligé. Voicy comme ce celebre
Euesque de Corinthe escrit aux Romains:
Il s'est introduict vne ancienne coustu-
me parmy vous de gratifier tous vos fre-
res de diuers bien-faits, & d'enuoyer en
plusieurs Eglises, & en toutes les villes où
elles sont establies, les secours necessaires
pour soustenir cette vie fragile & mor-
telle. Certainement c'estoit chose
bien raisonnable que l'Eglise de
Rome receust la recompense de sa
charité, & que les autres Eglises l'as-
sistassent à leur tour des biens
qu'elles possedent; que non seulement elles prissent le soin de soulager la vieillesse d'vne si bonne Mere,
& de la secourir contre la fureur de
ses ennemis, ou les miseres de l'extreme necessité, mais qu'elles con-
tribuassent chacune selon ses forces,

pour maintenir , & mesme pour
acroistre sa dignité au milieu de la
paix dont elle ioüist , & de la splendeur qui l'enuironne. L'Eglise
Gallicane s'est tousiours monstrée
la premiere disposée à vne si iuste
reconnoissance, & l'affection qu'elle y a témoignée, a donné exem-
pleà toutes les autres : Car c'est se
tromper que de croire que l'on n'a
commencé à leuer en France des
deniers pour le sainct Siege , que
sous le regne de Charles quatriéme,
si ce n'est que par ces leuées de deniers on entende les decimes. En
effect sainct Gregoire Pape de Rome parle en plusieurs Epistres qu'il
a escrites au Roy, & à la Reyne de
France, du patrimoine de S. Pierre
qui se leuoit en ce Royaume par les
Collecteurs Apostoliques ; il parle
aussi des reuenus des terres & des

Concile d'Auuerne & de Châlons.

Paul Emile sous Charles le Bel.

S. Gregoire liu. 5. ep. 6. à Childebert.

heritages qui auoient esté donnez à l'Eglise Romaine; il semble neantmoins que ce patrimoine n'estoit pas de grande valeur, parce que sainct Gregoire le nomme petit patrimoine. Depuis le Pape Gregoire VII. s'efforça de prendre en France sur toutes les maisons le denier de sainct Pierre, soustenant que ce droict auoit esté estably par Charles le Grand; mais il trauailla inutilement, parce qu'il ne peût en verifier l'institution. D'ailleurs S. Louys en sa Pragmatique Sanction, temoigne que les Eglises de son Royaume auoient esté asseruies à d'autres charges : *Nous defendons, dit-il, les leuées de deniers, & la continuation des charges insupportables que la Cour de Rome a imposées sur l'Eglise de nostre Royaume, ou qu'elle y pourroit imposer à l'auenir, & qui ont misera-*

Gregoire 7. liu. 8. ep. à ses Legats.

En l'an 1258.

blement appauury nos subjets, sinon
pour cause raisonnable, pieuse, & extremement pressante, pour vne necessité
ineuitable, & encores de nostre consentement exprés & volontaire, & du consentement de l'Eglise de nostre Royaume.
Mais ces anciennes charges ont esté
esteintes il y a long temps; les Annates leur ont succedé, qui au commencement ne furent accordées
que pour vn temps, & comme dit
le Pape Iean XXII. *pour soulager* Iean 22. au
pendant l'espace de trois ans les necessi- ch. 11. cum
tez de l'Eglise Romaine. Depuis Boni- nonnullæ
face IX. par vne Constitution de præb. in
Pontificale, les rendist perpetuelles Extraua-
pour la moitié des fruicts d'vne an- gant.
née, & pour cela il est mis par Po- Villani liu.
lydore Virgile au nombre des in- 11. de l'hist.
uenteurs des choses. Et Ciaconius
nouuellement imprimé à Rome, dit Polyd.Vir-
que par le moyen des deniers qui se gil.l.8.c.2.

Ciaconius en la vie de Boniface 9.

tirerent de ce droict, *le Pape Boniface recouura le patrimoine de sainct Pierre, entretint de grandes armées pour sa defence, esleua de superbes edifices, enrichit ses freres, & ses parens.*

Les Annates ayant esté ainsi reglées par vne loy du Souuerain Pontife, on a longuement disputé de sa iustice & de son legitime vsage; on en a fait vne Controuerse qui a esté plusieurs fois agitée de part & d'autre, enfin il a esté resolu par l'opinion de tous les Docteurs, que le Souuerain Pontife peut prendre les Annates, *comme la dixiéme partie de la decime des Leuites,* pourueu qu'il les reçoiue à titre de *secours charitable,* pour le necessaire soutien de l'Eglise Romaine; chose qui a esté trouuée si iuste, que mesme le Concile de Basle reuoquant les Annates,

Nombres, ch. 18. Deuteron. ch. 16. Voyez Thomas Campegius Euesque de Feltre, Et Barthel. Bellarminus, du secours charitable.
Concile de

en la Session 21. subrogea en leur lieu *le secours charitable*: Mais le deuot Docteur Gerson estant consulté sur cette question, si l'on doit accorder au Pape la premiere année des fruicts des Benefices, respond en ces termes: *Il est vray qu'il faut que le Pape ait vn reuenu suffisant & conuenable à sa dignité, que les Ecclesiastiques sont tenus de l'assister de leurs biens, & qu'auec de certaines circonstances on peut prendre sur les reuenus des Beneficiers dequoy entretenir le Souuerain Pontife, quand par autre voye il ne luy a pas esté suffisamment pourueu des choses necessaires pour maintenir son Estat; comme la premiere raison le monstre assez clairement, tant par le droict diuin, que par le droict naturel appuyé sur le droict diuin.* Voila en peu de mots ce qui touche les Annates, quand à la cause & à la

Basle, en l'epist. de la response Synod. Gerson, liu. de la Simonie, tome 2.

iuſtice de leur eſtabliſſement.

Il y a vne autre queſtion à trai-
ter, qui concerne les taxes des Annates ; mais elle dépend d'vne prerogatiue particuliere , qui appartient à la France. Il y a long-
temps que les éualuations de nos
Benefices conſiſtoriaux ont eſt faites, les Officiers de la Cour de Rome ſont obligez de les ſuiure, & n'y
peuuent rien augmenter ; on dit
neantmoins qu'ils l'entreprennent
ſans authorité, car il eſt bien vray-
ſemblable que noſtre ſainct Pere
qui ayme paſſionnément la Iuſtice,
ne ſçait rien de cette ſurcharge,
ainſi ſainct Bernard rejette vne pareille faute, non pas ſur les Souuerains Pontifes , mais ſur les Officiers de la Cour Romaine ; ie ne
veux pas repeter icy les paroles
qu'il employe ſur ce ſujet , &
Iean

S. Bernard,
liu. 1. & 4.
de la Conſi-
derat.

Iean de Salisbery dit ; *A la verité le Pape est vne personne saincte & iuste, mais les autres ont vne si prodigieuse auidité, &c.* Sainct Antonin a depuis fait la mesme plainte. Ie ne veux pas toutesfois blasmer ceux qui sont maintenant dans cét employ, il est à present question du droict, & non pas du faict. Nos Prelats ont sceu que les taxes de la Cour de Rome deuenoient excessiues, ils se sont assemblez sur cette affaire, & ont resolu d'agir, tant auprés du sainct Pere, qu'auprés du Roy, auec tout le respect & toute la soumission conuenable à leur ordre, pour en obtenir la moderatió, & pour faire reduire tant les Annates, que toutes autres charges semblables à ce qui en est legitimement deub : Cette deliberation est sans doute pleine d'equité ; car s'il'on en considere la cau-

S

Iean de Salisbery, ep. 176.
Alex 2.
S. Antonin 3. p. t. 22. cb. 3.

se, voicy en quels termes en parle le Pape Martin V. au Concile de Constance: *Les charges de cette sorte, dit-il, ne se doiuent point imposer, sinon pour vn sujet tres-important, & pour vne vtilité concernant l'Eglise vniuerselle, & particulierement elles ne se doiuent point imposer en vn Royaume ou en vne Prouince, sans auoir pris l'aduis des Prelats de ce Royaume, ou de cette Prouince, & s'ils n'y consentent tous, ou la plus grande partie.* Si d'autre part on regarde de quelle sorte vne telle deliberation, qui a eu pour arbitre l'Eminentissime Cardinal de la Rochefoucault, a esté faite, qu'elle resolution y a esté prise, il ne s'en peut desirer vne plus paisible, plus modeste, & plus respectueuse : On ordonne que les vœux & les souhaits seront tous les efforts du Clergé de France, que les prieres seront ses

armes, qu'il n'vsera que de supplica-
tions pour persuader & pour obtenir ce qu'il demande : Les vœux
sont innocens, les prieres sont desarmées, les paroles de ceux qui sup-
plient ne resonnent ny violence, ny
menaces. Mais Optatus dit que,
Cette proposition est vn poison couuert de Optat. page 21.
miel, ou plustost vn vase d'or en la main
de Babylone, & qu'encores qu'elle mon-
stre quelque apparence de bien, elle n'a
point toutesfois d'autre but que de renuer-
ser l'ordre sacré de la Hierarchie. Il est
temps, Optatus, Prophete infortu-
né, & plus ridicule qu'vn miserable
Astrologue, que vous renonciez à
vos badineries : Rome n'est point
vne Babylone, la France n'en est
point vne aussi, il n'y a que les heretiques qui nomment ainsi l'vne,
& que les traistres qui donnent ce
titre à l'autre. C'est donc en ce

poinct que vous establissez la perfection de l'ordre Hierarchique,
l'vnité de l'Eglise, tout l'estat de la
Religion, que les Euesques n'ayent
pas la hardiesse de presenter vne
Requeste au Souuerain Pontife?
toutesfois c'est vn droict que les
plus grands ne dénient pas aux plus
petits; que les Euesques n'osent pas
mesme faire vne priere au chef de
l'Eglise? Cependant c'est vne prerogatiue que les maistres ne refu-
sent pas à leurs esclaues : Iusques à
present vous auez passé pour vn
homme qui a oublié les belles qualitez de sa patrie; mais il faut auoüer
maintenant, que vous ne connoif-
sez ny Rome, ny le Souuerain Pontife, ny le grand Vrbain. Ie suis
donc contraint de vous repeter encores vne fois ces paroles du hui-
ctieme Concile general; car ie ne

puis vous rien dire de plus à propos;

S'il se presente quelque difficulté, mes-me touchant l'Eglise Romaine, il est per-mis d'en conferer modestement, & auec la reuerence conuenable, d'escouter les opinions les vns des autres, d'en donner son aduis, & de le receuoir. Nous n'a-uons garde de croire que l'Eglise ait perdu cét Esprit de douceur & de benignité, mesme sous le Pontifi-cat d'vn Pape, dont le nom, la do-ctrine, la vertu, & la saincteté admi-rable, estant infiniment esloignées de l'humeur dure & farouche, de la cruauté barbare & inhumaine d'Optatus, nous font esperer tou-tes choses fauorables à l'équité de nos desirs.

Concile 8. de Constan-tin. Can. 13.

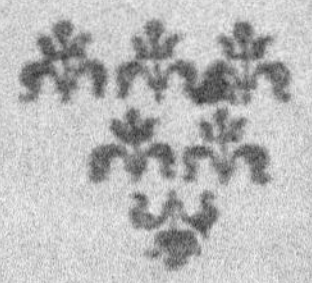

S iij

DV LIVRE D'OPTATVS,

Page 24.

CE qui m'émeut d'auantage, c'est vn certain Edict publié sous le nom du Roy, encores qu'il ait esté fait à son desceu, on l'appelle vne Declaration, c'est vn prelude, pour ne dire pas vn commencement de Schisme, qu'vn des Officiers du Parlement a dressé, & qui prescrit de nouuelles loix contraires aux definitions du Concile Oecumenique de Trente, en ce qui concerne le Sacrement de Mariage, sur quoy la Religion seule, & l'Eglise mere de la Religion a puissance par le droict diuin; tellement que le mesme Concile prononce l'anatheme contre toute personne qui voudroit souste-

S iiij

nir que les causes matrimoniales n'appartiennent pas aux Iuges Ecclesiastiques.
L'article premier ordonne, que le Mariage sera celebré en la presence de quatre
témoins, & neantmoins le Concile a
determiné, que pour oster le vice de la
clandestinité deux témoins suffisent auec
le Curé. Dauantage l'autheur de cette
Declaration veut que les bans des Mariages ne soient publiez que du consentement des parens, & que la publication
soit enregistrée soigneusement par les
Curez, ce que l'Eglise n'a iamais ordonné,
au contraire elle a trouué à propos d'obmettre quelquesfois la publication des
bans pour cause legitime, auec la permission de l'Euesque. L'article second
porte, que les enfans ne pourront, mesmes
apres vingt ans, contracter mariage, sans
la volonté ou le consentement de leurs parens; cependant l'Eglise requiert ce consentement du contract sacramental

qu'elle veut estre extremement libre,
& a determiné il y a long-temps que
l'aage de douze ans suffist pour accomplir ce Sacrement: Mais ce qui est plus
estrange, & plus insupportable aux Magistrats Ecclesiastiques, à qui il appartient par le droict diuin de prononcer sur
le faict des Mariages, est que cette Declaration ose establir la peine d'exheredation, & de priuation de toutes successions, contre ceux qui se marient deuant
vingt-cinq ans sans le consentement de
leurs parens, & contre les enfans qui
naistront de leurs mariages; car par ce
moyen vn tel mariage, qui par les loix de
l'Eglise est sans doute valable, est couuert
de la honte du concubinage, & les enfans
qui en viennent sont traictez comme bastards & illegitimes. L'article suiuant
déroge manifestement au decret du Concile de Trente, car il veut que la personne
ne rauie estant remise en liberté, ne puisse

eſtre mariée auec le rauiſſeur de l'authorité meſme des parens, & que les enfans qui naiſtront dans vn tel mariage
ſoient priuez de toutes ſucceſſions. Le 5.
article qui regarde certains mariages
ſcandaleux, & approchant du concubinage, que l'on nomme mariages de con-
ſcience, auroit apparence de Iuſtice, ſi
pour deſtruire cét abus le Iuge Eccleſiaſtique, & meſmes le Souuerain Pontife
de Rome auoit interposé ſon authorité,
& ſi cét article eſtoit vn decret de l'Egliſe. Le 6. contient vne diſpoſition cruelle,
impie, & ennemie de la charité Chreſtienne, car il defend aux concubinaires
de ſe marier auec leurs concubines à l'extremité de la vie, & veut que les enfans
qui en ſont naiz ne puiſſent rien auoir
des biens paternels, & neantmoins les
Curez, & les Confeſſeurs ayant ſoin du
ſalut de ceux qui ont veſcu dans ce deſordre, trauaillant à leur conuerſion, &

les portant à la penitence, n'ont point
d'autre voye pour les rendre dignes à
cette derniere heure de la misericorde de
Dieu, qu'en changeant leur concubinage
en vn mariage legitime, faisant deuenir
leurs enfans de bastards qu'ils estoient,
enfans legitimes, & leurs heritiers, pro-
curant que pour décharger leur conscience ils laissent en mourant à celle qui a
esté leur concubine quelque dot, afin
que la pauureté ne soit pas vn pretexte
pour la faire retomber au peché, & à
leurs enfans quelques facultez, de peur
qu'à faute de biens ils ne soient priuez
d'vne bonne institution, & que par ce
manquement ils ne deuiennent de meschans garnemens, pernicieux à la Republique ; ainsi il n'y a vn seul mot dans
cette Declaration, qui ne blesse la liberté
des mariages, si necessaire au salut des
ames. Que l'Autheur de cette piece entende quel foudre le Concile de Trente,

qui n'est reprouué que par les sectateurs
de Caluin, lance sur sa teste : D'autant,
dit-il, que c'est vne fort mauuaise action
que de violer la liberté du mariage, & que
c'est chose extremement horrible que ceux
qui doiuent rendre la iustice se portent à
l'iniustice & à la violence : Le sainct Concile defend à toutes personnes de quelque
degré, dignité, & condition qu'elles soient,
à peine d'anatheme , qui sera encouru
ipso facto, d'vser de contraintes pour
empescher en quelque façon que ce soit
directement, ou indirectement, que leurs
subjets & tous autres ne contractent li-
brement mariage.

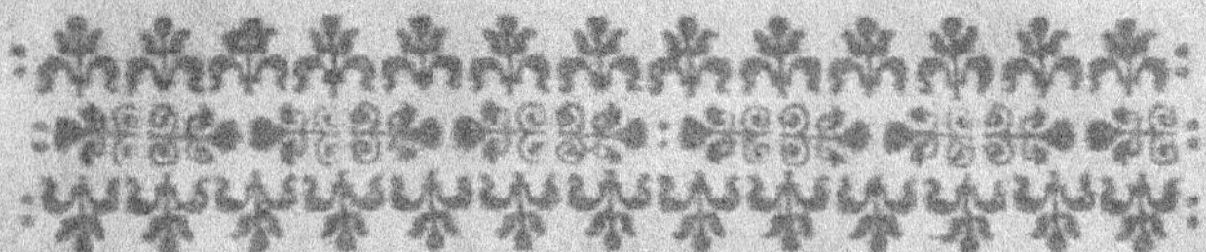

LIVRE VI.

DE LA IVSTICE DE la Declaration du Roy touchant les Mariages.

E Prophete Daniel cét homme aymé de Dieu, vit en songe par inspiration du Ciel, vn Lyon, vn Ours, & vne Panthere, ayant des aisles & quatre testes; cette Panthere marchoit deuant vne autre beste furieuse & épouuantable, que l'on prend pour la figure de celuy, *qui doit deuorer toute la terre, & qui s'imagine qu'il peut changer les temps &* Daniel, chap. 7.

les loix. On découure ces quatre
bestes farouches dans l'ouurage
d'Optatus, on y apperçoit vne
Panthere, qui traisne à sa suitte la
perfidie, la calomnie & l'injustice,
& qui pense qu'auec cette assistance
elle aura la force de faire changer
les loix que l'on a estimées necessaires pour reformer les vices, & pour
corriger les mauuaises mœurs:
Mais le jugement viendra, qui renuer-
sera sa puissance, qui la destruira, qui
l'aneantira pour iamais, & qui donnera
l'authorité souueraine & la grandeur
Royale au peuple sainct & chery du
Tres-haut.

Louys le Iuste a fait vne Declaration le 26. Nouembre 1639. contre les Mariages clandestins des enfans de famille, contre les rapts &
les enleuemens des personnes mi-
neures, contre toutes autres con-

jonctions illegitimes ; & par vne seuerité necessaire a establiy des peines pour arrester vn desordre public , & vne corruption presque
vniuerselle. Optatus auec vne im-
pudence merueilleuse, & par vn extreme mépris , ose asseurer, *que cette*
Declaration a esté publiée sous le nom
du Roy au desceu de sa Majesté.
Certes c'est offenser outrageuse-
ment ce grand Monarque, c'est luy
reprocher qu'il ne fait pas sa charge, qu'il ne sçait pas qu'il est Roy,
& qu'il souffre que ses subjets ne le
connoissent pas pour leur Prince:
C'est enfin se monstrer peu respe-
ctueux, & porter peu de reuerence, *Tertull.*
à la seconde Majesté. Par quels té- *Apologet.*
moignages voulez-vous donc, *ch. 35.*
Optatus, que la France reçoiue les
volontez de son Roy, qu'elle reuere ses commandemens, & qu'elle y

obeïſſe, ſi en choſes de cette hautè
importance, ny les Lettres patentes,
ny les Edicts, ny les marques venerables de la main des Secretaires
d'Eſtat, ny les marques auguſtes de
la main du Roy, ny ſon image gra-
uée ſur ſon grand ſeau, ne ſont pas
des preuues legitimes. De qui eſt
cette image, & cette ſouſcription,
n'eſt-ce pas l'image & la ſouſcription de noſtre Monarque ? Ie ne
m'eſtonne pas ſi vous ne les recon-
noiſſez plus, car il y a long-temps
que vous ne iettez plus les yeux ſur
voſtre patrie , & que voſtre cœur
s'eſt retiré auprés des ennemis de
cét Eſtat. Mais qui ne s'apperçoit
pas que la nouuelle Ordonnance
qui a eſté faite pour reprimer ces
malheureux mariages, que la tole-
rance rendoit trop frequens, meſme
entre les perſonnes d'illuſtre naiſſance,

fance , n'a peu fe publier que le Roy n'en ait efté informé , & fans fon exprés commandement. Toutesfois noftre calomniateur a voulu fuppofer que le Roy n'en a rien fçeu, pour auoir pretexte de dire, non feulement auec vn outrage injurieux , mais aufli auec impunité, que cette Declaration eft vn commencement de Schifme. Mais pourquoy vn commencement de Schifme ? d'autant , dit-il , *qu'elle eftablift de nouuelles loix , contraires aux regles du Concile Oecumenique , en ce qui touche le Sacrement de Mariage; furquoy adjoufte-il , il n'y a que la Religion feule, & l'Eglife mere de la Religion, qui ait puiffance & authorité legitime par le droict diuin.* Il faut donc examiner s'il appartient au Prince, & de quelle façon il luy appartient de faire des Ordonnances concer-

nant les Mariages, sans entreprendre sur les droicts de l'Eglise.

C'est vne verité certaine & recon-
nuë, que le Prince en vertu du titre
qu'il porte, & de l'authorité qu'il
exerce, a la puissance supréme
d'establir des loix pour les mariages, en ce qui dépend de l'Estat politique de son Royaume : Car le
nom de Roy ne comprend pas seulement vne vaine grandeur, vne dignité sans vsage, & sans fonction;
mais vn droict auguste, d'instituer
& d'ordonner toutes les choses qui
sont necessaires, vtiles & auanta-
geuses, pour conduire la Republique à sa fin, & pour luy procurer
cette felicité parfaite où elle aspire:
Or il n'y a rien qui contribuë d'a-
uantage à son bien & à sa conseruation que le mariage, où il semble
qu'elle se produise, & qu'elle renais-

ſe tous les iours, où elle prend tous
les iours de nouuelles forces pour ſe
maintenir, & d'où les hommes tirent cette merueilleuſe immortali-
té qui la perpetuë heureuſement
auec eux par l'ordre naturel d'vne
ſucceſſion continuelle: De là vient
que la loy du mariage eſt la plus ancienne de toutes les loix, & la premiere que la bouche de Dieu a publiée; & les plus ſages d'entre les
Philoſophes ont depuis enſeigné
que les Princes comme les Lieute-
nans de Dieu en terre, en doiuent
auoir le ſoin, & qu'elle eſt commiſe
à leur charge, & à leur prouiden-
ce: Mais ſainct Thomas conjoi-
gnant la doctrine des Theologiens auec celle des Philoſophes,
lors qu'il eſcrit contre les Gentils, appuye cette verité d'vn diſcours admirablement puiſſant &

*Iuſtinian en
la nouuelle
22.*

*Platon li. 5.
de la Repu-
bliq. & liu.
6. des Loix.
Ariſtote
liu. 7. des
Politiques.*

T ij

S. Thomas,
liu. 4. côtrà
Genties, &
au 4. des
Sentences,
Distinct.
34. q. 2.
art. 1.

solide : *Quand vne chose, dit-il, est
ordonnée à diuerses fins, il faut qu'elle
ait diuers moyens qui la conduisent chacun à sa fin, parce que la fin a son rapport à celuy qui l'y conduict. La genera-
tion humaine est ordonnée à plusieurs fins,
à sçauoir à la perpetuité de l'espece, &
à la perpetuité d'vn bien politique, comme du peuple en vne cité ; elle est encores
ordonnée à la perpetuité de l'Eglise, qui
consiste en l'assemblée des fideles. C'est
pourquoy il est necessaire que cette gene-
ration ait diuers agens pour la conduire:
Donc en tant qu'elle est ordonnée au bien
de la nature qui est la perpetuité de l'espece, elle est conduite à sa fin par la nature
qui y incline ; & en cette sorte on dit
quelle est l'office de la nature ; en tant
qu'elle est ordonnée au bien politique, elle
est soumise à la disposition de la loy ciuile ;
& enfin en tant qu'elle est ordonnée au
bien de l'Eglise, il faut qu'elle soit sou-*

mise au gouuernement Ecclesiastique.
Voyez, Optatus, si Dieu n'a donné
qu'à l'Eglise seule le droict d'ordonner des mariages. Ie passe tant de
loix faites par les Empereurs sur ce
sujet, que l'Eglise a approuuées,
receuës & confirmées. Ie viens à la
police de ce Royaume. Nous auons
pour le reglement du mariage des
Chrestiens, les loix Saliques, les loix
de Childebert, de Clotaire, de Charles le Grand, de Louys le Debonnaire, de Charles le Chauue, &
d'autres que l'Eglise a iugées dignes
de son approbation, & qu'elle a témoigné non seulement n'estre pas
contraires à son authorité, mais luy
seruir d'vn solide appuy, & d'vne
puissante protection, puis qu'elle
leur a donné place dans le corps de
ses saincts Canons, & qu'elle en a
imploré le secours pour l'establis-

*S. Ambroi-
se, epist. 66.
& S. Au-
gust. liu. 15.
de la Ci é
de Dieu,
ch. 16.*

*Loy Salique
chap. 14.
Decret de
Childebert,
Constitution
generale de
Clotaire de
l'an 560.
liu. 5. des
Capitul.*

sement de la pureté de sa discipline.
Sur quel fondement donc nostre
nouueau Theologien ne veut-il pas
que la puissance Royale prenne
connoissance des mariages ? *C'est vn
Sacrement,* dit-il, *fort à propos.* Mais
si le Prince ne touche point à ce qui
est Sacrement dans le mariage, il ne
blesse nullement l'authorité de
l'Eglise. Pour expliquer cecy clairement, il faut presupposer que
tout ce qui est de droict diuin dans
le mariage, dépend du Sacrement,
& par consequent appartient à l'E-
glise, qui seule icy bas exempte de
faute & d'erreur, colomne & base
inesbranlable de la verité, a la puissance d'interpreter, & de declarer le
droict diuin, & en a seule la dispensation absoluë ; ainsi l'Eglise comme vn oracle sacré, & vn interpre-
te infaillible du droict diuin, peut

seule prononcer sur la verité, la substance, & la validité du Sacrement
de Mariage, est seule Iuge des causes
& des personnes, du contract & du
consentement, qui font la matiere
& la forme du Sacrement, & enfin
de ses conditions & de ses effets; il
n'y a point d'Ortodoxe qui n'ait
cette creance, & qui ne la tienne
pour article de foy: Et quant à ce
que le Roy tres-Chrestien a inseré
dans sa Declaration qui concerne
ces choses, il sera monstré cy-apres
qu'il n'en a pas ordonné en vertu
de sa puissance, mais qu'il a expressément fait entendre qu'il execute
les regles establies par le droict diuin, ou par les saincts Decrets & les
Constitutions Canoniques. Il y a
d'autres choses qui dépendent du
Mariage, & qui ne composent, &
ne font pas le Sacrement, mais le

T iiij

precedent, l'accompagnent, ou le
suiuent, comme le respect ou la
crainte des enfans enuers les parens,
l'obseruation de la loy publique, &
de la coustume, l'honneur & la gloire des familles, le soin de l'honne-
steté & de la pudeur, l'interest de la
reputation, l'execution des con-
uentions, la conseruation des biens,
les droicts des successions, & plusieurs autres circonstances semblables, qui regardent le Prince comme ayant la direction du bien public, & de l'vtilité commune de tous
ses subjets: Et c'est de ces choses que
Louys le Iuste a ordonné, c'est de
ces choses qu'il a peu & deub ordonner par sa Declaration, qui ne
prononce pas à peine de nullité, qui
ne decerne pas par authorité Royale
les peines du droict diuin & Cano-
nique, mais qui establist d'autres

peines dependantes purement de la
puissance ciuile.

Pour bien esclaircir ces distin-
ctions, il est necessaire de respondre particulierement aux obje-
ctions dont Optatus s'efforce d'ob-
scurcir la verité : *L'article premier,*
dit-il, *veut que quatre témoins assistent*
à la celebration du mariage, & neant-
moins le Concile a iugé que deux témoins
suffisent auec le Curé, pour éuiter le vice
de la clandestinité. Il semble qu'Optatus ignore, ou qu'il ne se souuienne
point, que ce n'est pas par la nouuelle Declaration que ce nombre des
témoins a esté reglé ; mais par l'Ordonnance de Blois, qui certainement n'a rien estably en cela contre
l'intention du Concile, & au contraire a beaucoup contribué au dessein que le Concile s'est proposé,
Car le nombre des témoins estant

augmenté, l'action en est sans doute plus publique, & plus solemnelle; l'Edict seroit contraire au Concile, s'il portoit que les Mariages pourroient estre celebrez sans l'assistance d'aucuns témoins, ou en la presence d'vn seul témoin; mais puisque le Concile ayant desiré deux ou trois témoins, l'Edict en adjouste vn quatriéme, il faut aduoüer qu'il ayde au decret du Concile, & qu'il rend sa disposition plus accomplie: En effect le Concile n'a pas entendu que s'il y auoit quelque constitution particuliere qui requist vn plus grand nombre de témoins elle demeurast abrogée; & comme en quelques Eglises il a esté ordonné qu'on en appelleroit iusques à six, chose qui n'estoit pas sans raison & sans exemple, puis que l'on voit dans les Escritures sainctes, que l'on

Constitutiö de Chunrad de Salsburg enuirö l'an 1300. tome 3. des Conciles.

Ruth, ch. 4.

appelloit autresfois dix personnes
pour porter témoignage d'vne si
importante solemnité; ainsi l'Ordonnance Royale ayant reglé le
nombre à quatre témoins, elle n'a
rien fait qui combate l'authorité de
l'Eglise. En effect elle luy laisse la
liberté toute entiere de iuger pour la
validité du Sacrement, celebré en la
presence de deux ou trois témoins,
& du Curé, suiuant le droict diuin,
d'où dépend la question de la validité du Sacrement, & selon cet
oracle qu'il a prononcé, *que toute* Deuteron.
parole residera en la bouche de deux ou 19.
trois témoins : Le Prince ne s'attribuë S. Mathieu
point la connoissance de la verité du 18.
Sacrement, & il reconnoist mesme
qu'elle appartient entierement à
l'Eglise, comme il paroist par ces
paroles du premier article de la Declaration, *suiuant la forme pratiquée*
en l'Eglise.

Optatus a aussi peu de raison de reprendre cét article, en ce qu'il ordonne que les bans seront publiez auec le consentement des parens, & qu'on tiendra registre en toutes les Eglises de la publication qui s'en fera : *L'Eglise*, dit-il, *ne l'a point ordonné, au contraire elle a trouué bon, que par la permission de l'Euesque on obmette quelquesfois pour cause legitime la solemnité des bans.* Est-ce vostre sentiment, Optatus ? cependant toutes les Eglises bien reglées ont tousiours obserué cét ordre, que les mariages de ceux qui sont en la puissance d'autruy, ne se publient sur les memoires qui en sont donnez, sinon auec le consentement des parens & des tuteurs. I'en atteste les Constitutions Synodales de l'Eglise de Paris, sous l'Euesque Odon, de l'année 1207. &

celles de l'année 1557. où les bans des
mariages sont nommez, *Edicts &*
proclamations des nopces. Quant à ce
que vous obiectez que l'Euesque
peut dispenser des bans, la Declaration du Roy ne deroge point à cette
authorité Ecclesiastique; car elle
parle non seulement des bans, mais
aussi des dispenses, ce que vous
auez expressément dissimulé, pour
auoir sujet de former vne plainte
vaine & temeraire. La Declaration
adjouste, que la publication sera enregistrée, cela a esté bien sagement
ordonné; car il importe à la dignité du Sacrement, à l'authorité de
l'Eglise, à la seureté du contract de
mariage, à la solemnité de l'acte,
à la saincteté du droict diuin
& humain, que les preuues des
mariages soient mises par escrit,
& deposées en l'Eglise pour y

Art. 1. sur la fin.

estre fidelement conseruées.

Ce qu'Optatus trouue à redire au
second article est, *qu'il ne permet pas
aux enfans de se marier apres l'aage de
vingt ans, sans le consentement de leurs
peres, dautant, dit-il, que l'Eglise requiert ce consentement au contract
sacramental qu'elle veut estre extremement libre:* Il y auoit dans le ma-
nuscrit d'Optatus la negatiue au lieu
de l'affirmatiue, & son sens est, *que
l'Eglise ne requiert pas ce consentement
au contract sacramental;* il adjouste
vne autre consideration, à sçauoir,
*que l'Eglise a decidé il y a long-temps
qu'il suffist d'auoir atteint l'aage de douze ans pour accomplir ce Sacrement:*
Certes, Optatus, voftre Impri-
meur auoit failly heureusement
pour vous; mais nous découurons
voftre intention , vous voulez dire, que par le decret du

Concile de Trente, le consentement des parens n'est pas requis de
necessité de Sacrement, pour la verité & la validité du Mariage : Mais
ie n'auray pas beaucoup de peine à
concilier la regle establie par les
Ordonnances de nos Roys, auec la
Constitution de l'Eglise ; car il ne se
rrouuera en France aucune Ordonnance qui declare nuls & inualides
les mariages des enfans de famille,
faits sans le consentement des peres
& des tuteurs ; plusieurs personnes se
font trompées en cecy, à la verité les
loix du Royaume les defendét, mais
il n'y a point de loix dans le Royaume qui ayent iamais prononcé
qu'ils sont nuls & inualides. Le Roy
tres-Chrestien Louys le Iuste, suiuant l'exemple de ses predecesseurs,
les a de nouueau deffendus, & a
augmenté la seuerité des peines

Concile de Trête, Sess. 24. c. 1. de reformat. matrim.

Edict de Henry 2. de l'an 1556. & de Henry 3. de l'an 1579.

pour chaſtier ceux qui ſe marient
contre la prohibition des loix,
toutesfois il n'a point declaré tels
mariages nuls & inualides, contre
le decret du Concile de Trente, &
l'opinion vniforme de tous les
Theologiens, meſme des Theologiens François. Pour le regard de
l'aage, le Roy ne deſapprouue pas
les mariages des enfans de famille,
meſme à l'aage de douze ans, pourueu qu'ils ſoient appuyez de l'authorité paternelle, & ſon intention
n'eſt pas auſſi que ſans cette authorité ils ſoient reputez legitimes à
l'aage de vingt ans. Mais Optatus
ſe plaint de ce que, *le mariage qui par*
les loix de l'Egliſe eſt valable au deſſous
de vingt-cinq ans, s'il eſt contracté ſans
le conſentement des parens, eſt ſoumis
par nos Ordonnances à la peine de l'ex-
heredation. Nous ne nions pas que les
mariages

mariages des enfans de famille ne
soient quelquesfois valables par le
droict diuin & Ecclesiastique, lors
que les personnes sont obligées
l'vne à l'autre par le seul contract
naturel, & non par vn contract
ciuil & legitime. Mais encores
que les mariages de cette sorte,
pourueu qu'ils ayent les solemnitez
ordinaires, à sçauoir la presence du
propre Curé & des témoins, soient
iugez valables par l'Eglise quant
à la verité du Sacrement, la mesme
Eglise ne croit-elle pas, n'enseigne-
elle pas, & n'annonce-elle pas qu'à
l'égard des parties qui les contractent, ils sont impies, criminels, & illegitimes ? Ie ne m'arreste pas à ce
qu'on dit, que le Pape Euariste leur
a donné le nom de *débauche & de*
concubinage, par ce Canon tant de
fois cité dans les Escoles, tant de

Can. aliter
30. 9. 5. &
dans Yuo
part. 8. c. 4.
Monsieur
Seruin au
plaidoyé le
l'an 1605.

V

fois allegué au barreau, & deuant
les Iuges; car c'est vn Canon apo-
sté, & toute l'Epistre d'Euariste,
d'où on le tire est supposée, pleine
d'erreurs, composée des escrits de
quelques Autheurs d'vn autre siecle; & la souscription en fait connoistre la fausseté, car elle est dattée
du 2 4. Mars, sous le Consulat de
Valens & de Vetus, & neantmoins
au compte mesme de Baronius, ces
deux personnages ont esté Consuls
l'an nonante-huictiéme de Iesus-
Christ , quatorze ans deuant le
Pontificat d'Euariste, qui fust éleu
l'an 112. sous le Consulat de Cris-
pus & d'Orphitus. Il y a d'autres
témoignages qui nous apprennent
que les mariages ainsi contractez
par les enfans de famille, ont esté
tenus pour inualides: pour establir
cette doctrine, il peut suffire d'em-

ployer vn Canon de sainct Basile,
& vn ou deux passages de Tertul-
lian, quant aux authoritez estran-
geres, & pour les nostres le Canon
quatriéme du Concile d'Orleans.
Mais supposons que par la lon-
gueur du temps ils ayent esté esti-
mez valables, toutesfois nous ne
lisons point qu'on les ait iamais reputez legitimes, qu'on les ait iamais permis & approuuez. L'Eglise sçait fort bien distinguer en vn
mesme acte le Sacrement d'auec le
sacrilege: *Le Sacrement*, dit excellemment sainct Augustin, *n'a point de
bornes, il porte son authorité par tout,
& c'est vn ouurage qui vient de Dieu,
& non pas des hommes;* parce qu'il
dépend seulement de la verite de
l'action, & nullement de la iustice,
ou du dereglement de la volonté:
mais lors que la volonté se laisse

Marginalia:

S. Basile en
l'ep. canon.
à Amphi-
loch. ch. 38.
Tertull. l.
2. ad vxo-
rem, & au
liu. de pu-
dicitia.
Conc. d'Or-
leans sous
Childebert,
Can. 22.

S. August.
liu. 1. cõtre
les Donati-
stes, ch. 2.

emporter à quelque deſordre, le
vice qui la poſſede s'augmente par
le voiſinage du mépris de la Religion, ce qui n'eſtoit qu'vn peché
deuient vn forfait, & vne malheureuſe & deteſtable impieté ſe meſle
parmy le crime, & le rend plus
odieux : Combien de ſortes de for-
faits ſe ramaſſent dans les mariages
clandeſtins des enfans de famille?
où l'offenſe de la Diuinité, la profa-
nation des plus auguſtes ceremonies, l'injure faite à la pieté paternelle, l'honneſteté publique temerairement violée, la ſainéteté du
droiét diuin & humain indigne-
ment foulée aux pieds, excitent la
vengeance de toutes les loix. L'Egliſe a fait tout ce qui eſtoit de ſon
deuoir ; elle a eu beaucoup de raiſons pour ne pas prononcer la nullité de ces mariages ; mais elle a

principalement confideré qu'elle
deuoit laiffer aux Princes feculiers
vne fi importante occafion d'exercer leur puiffance , & d'employer
leur authorité : Ils ont au commencement ordonné que la peine
de l'exheredation feroit en l'arbitra-
ge des peres , mais ce remede n'a
prefque point efté mis en vfage par
l'indulgence paternelle, qui efcoute
bien moins la voix de la Iuftice, que
la voix de la Nature : Cependant le
mal s'eft refpandu de toutes parts,
il s'eft gliffé infenfiblement , il a
fait de funeftes progrez; enfin fans
pudeur & fans crainte il a attaqué
les plus nobles & les plus riches familles, les maifons les plus illuftres
& les plus floriffantes; & la dépra-
uation eft deuenuë fi extreme, que
la jeuneffe a fait vanité de ces conjonctions illegitimes , & par vne

V iij

licence déplorable y a cherché tout
ouuertement vne infame matiere de
gloire & de loüange. Il a donc esté
necessaire d'vser de plus fascheux remedes, & de peines plus dures, pour
dompter & pour destruire vne si
estrange desobeyssance ; & comme
le chastimét doit auoir rapport auec
le forfait, & que ces attentats se có-
mettent plus souuent par vne con-
uoitise immoderée de posseder des
richesses, que par la violence d'vne
veritable passion ; le Roy a estimé
qu'il estoit à propos d'introduire la
priuation de plain droit des biens
que ces ieunes esprits auoient injustement deuorez par esperance.
Ainsi l'on n'attend plus que la colere & la douleur des peres punisse les
enfans ; la foiblesse de la nature, & la
suitte des années qui auoient accoustumé de leur estre fauorables, sont

maintenant sans pouuoir; la seuerité de la loy s'est chargée de toute
l'enuie de la peine qu'elle ordonne:
l'Eglise n'a iamais repris vne ancienne loy bien plus seuere, faite par vn
Empereur Romain, qui vouloit que
si les peres accordoient auec les ra-
uisseurs de leurs enfans, ils fussent
punis du bannissement perpetuel.
Au surplus que les Iurisconsultes
disputent tant qu'ils voudront de la
iustice de cette exheredation, qui
donne pretexte à Optatus de supposer que l'on charge le mariage legitime de la honte du concubinage,
c'est assez que les plus sçauans d'entre les Theologiens l'approuuent,
comme Molina, qui dit; *Ie ne voy
point que l'Eglise ait iamais pretendu empescher que les Princes seculiers ne fassent de telles loix, ny que l'Eglise ait
puissance de les en empescher.* Car en-

*stitia, &
iure tract.
2. disput.
176.
Vignier.li.
Instieut.c.
16.
Vega lib.5.
de la Som-
me,ch.559.
Sotus in 4.
decret. 29.
q. 1. art 4.
Cap. Fœli-
cis de pœnis
in sexto.
Abbas c.1.
de off. iud.
ord.
Couarr. c.
Raynut.
n. 19.*

cores que l'Eglise ait d'autres regles qui s'obseruent dans ses tribunaux, elle ne defend pas aux Princes d'vser de leur droict, de faire leur charge, & d'armer de nouuelles peines, & de nouuelle seuerité leurs loix, dont ils sont & les autheurs, & les iuges; & les Canonistes mesmes demeurét d'accord, que si le Iuge d'Eglise connoissant d'vne cause de mariage, a puny trop legerement le coulpable, il peut encores apres cela estre chastié plus rudement par le Iuge seculier.

Le troisiesme article, dit Optatus, *deroge ouuertement à la determination du Concile de Trente ; car l'art. veut que la personne rauie estant remise en liberté ne puisse estre femme du rauisseur, du consentement mesme des parens :* Mais adioustez les paroles que vous supprimez en l'article, que tels mariages ne peuuent estre confirmez, *tandis que la personne rauie est en la possession du rauisseur*, & apres cela il n'y aura plus de contradiction entre le Concile, & la Declaration du Roy, celle que vous y feignez sera absolument destruite, & tant s'en faut qu'il y en demeure, que l'Ordonnance Royale se trouuera dans vne religieuse conformité auec le sentiment de l'Eglise, puisque le Roy y parle en ces termes; *Nous declarons conformement aux saincts Decrets & Constitutions Canoniques*; paroles que vous auez obmises par vne furieuse passion d'imposer & de medire. C'est neantmoins ce qui fait paroistre la moderation & la pieté du Legislateur, qui à l'égard du Sacrement n'a prononcé que cette seule fois l'inualidité & la nullité du mariage, & ne la prononcée que de l'ordonnance de l'Eglise, & sur l'au-

Le Concile de Trente a mesme disposítiõ Sess. 24. ch. 6. de reform. matr. ce qui auoit esté auparauant ordonné au Concile de Meaux, & par Innocẽt 3. cap. fin. de raptor.

thorité de ses decrets : Mais, Opra-
tus, comme vous estes tout remply
de malice & d'infidelité, vous auez
voulu dissimuler cette verité importante, pour auoir suiet de reprendre
tout le reste. Car vous obiectez en
suitte, que la Declaration priue du
droict & de l'esperance des succes-
siós legitimes, la personne rauie qui
se marie apres auec le rauisseur, contre la volonté de ses parens, ou sans
leur consentement; qu'elle ordonne
la mesme peine contre ses enfans.
Cecy est vne dependance de la question que nous auons desia exami-
née, & nous disons qu'outre que
la Constitution de Iustinian a dé-
fendu aux filles rauies le mariage
du rauisseur, du consentement mesmes des parens, les Canós ont quelquesfois interdit à la personne rauie de prendre mesme auec la vo-

lonté des parens, le rauisseur pour son mary. Ainsi il est dit au Concile d'Aix la Chappelle: *Il est ordonné que ceux qui rauissent des filles, qui les dérobent à leurs familles, & qui seduisent leurs esprits, ne les peuuent en aucune façon auoir pour femmes, encores qu'ils s'accordent puis apres auec elles, qu'ils les dotent, & qu'ils les espousent auec le consentement de leurs parens.* Le Concile de Trosleium prend cette constitution pour vne loy Imperiale; mais elle est Imperiale & Ecclesiastique, & nous fournit cét argument, si le mariage estoit defendu entre la personne rauie & le rauisseur, encores que le consentement des parens y interuint, à plus forte raison on le peut defendre si les parens y resistent, pour le rendre en ce cas, sinon tousiours nul & invalide, du moins tousiours injuste &

illegitime ; que s'il est illegitime, il
est soumis à la vengeance des loix,
qui prononcent la peine capitale
contre le rauisseur ; & s'il ne peut
estre pris pour receuoir le chastimét
qu'il merite, la perte des biens contre celle qui a consenty au rapt, &
qui s'en est allée volontairement
auec luy ; car elle commet le mesme
crime que le rauisseur, quand elle
ayme le corrupteur de sa chasteté,
qu'elle se iette entre ses bras, que
par vn insolent mépris de la puissance domestique establie de Dieu,
elle se dérobe à ses parens, & leur emporte ce qu'ils ont de plus precieux,
& qu'elle s'abandonne à vn estran-
ger, à vn ennemy, à vn brigand.
Mais ie n'ay ny le temps ny le dessein de traiéter ce sujet auec plus de
paroles, & auec plus de chaleur ; ie
remarque seulement que comme la

Declaration du Roy ne déploye
point de seuerité qui surpasse la supréme seuerité des loix, & que l'on
puisse estimer excessiue en vn siecle
où les vices n'ont point de bornes,
& se portent à la derniere extremité;
l'Eglise d'ailleurs doit estre satis-
faite, de ce que cette Declaration n'a
point ordonné de peines qui ne
soient en la dispositió de la puissance
ciuile, & qui ne dépendent puremét
de l'authorité Royale; car la vengeance du crime de rapt, le chastiment de l'injure faite aux loix, la pu-
nition des attentats dót les mauuais
exemples offensent le public, la di-
stribution des patrimoines, des successions, & de tout ce qui concerne
les fortunes priuées, est en la main
du Prince, comme souuerain de tous
les biens de ses subjets, & comme
Iuge legitime de leurs personnes;

La douceur indulgente de la loy Ecclesiastique, dit l'Empereur Leon, est cause que ce mal s'accroist, & deuient, s'il faut ainsi parler, tous les iours plus insolent; mais la seuerité de la loy ciuile est capable de l'estouffer. C'est pourquoy on la peut augmenter selon la circonstance des temps, & la qualité des desordres, ce qui est remis à la volonté & à la prudence du Prince. Enfin il ne faut pas qu'Optatus arguë de nouueaute la loy que nous defendons; nous auons desia monstré que c'est vne loy ancienne, & nous le monstrons encores par les vieilles loix des Bourguignons: *Si vne fille Romaine s'est mariée auec vn Bourguignon, sans le consentement, ou au desceu de ses parens, qu'elle sçache qu'elle n'aura rien de leurs biens.*

Le sixiéme art. poursuit Optatus,

contient vne disposition cruelle, impie,
& absolument ennemie de la charité
Chrestienne; car, dit-il, elle defend à
ceux qui ont vescu en concubinage de se
marier auec leurs concubines à l'extremité de la vie. Mais abstenez vous,
Optatus, de ces mauuais discours, il
est faux que l'article porte cette
defense, & qu'il y ait vne seule
parole qui en approche, tant vous
estes liberal de vos mensonges. Voicy les propres termes de la declaration : *Nous voulons que la mesme pei-*
ne, à sçauoir de la priuation des succes-
sions, ait lieu contre les enfans qui sont nés
des femmes que les peres ont entretenuës,
& qu'ils espousent lors qu'ils sont à l'ex-
tremité de la vie. Mais elle ne leur defend pas de les espouser, au contraire ce qu'elle ordonne est vn
fort bon moyen pour disposer de
bonne heure leur volonté au maria-

ge, sans attendre qu'ils soient au
lict de la mort; pour faire en sorte
qu'ils ne croupissent pas si long-
temps dans leurs vicieuses habitu-
des, qu'ils preferent vne honneste
societé à vne vie si pleine de honte,
& que ceux qui ne se sont pas encores laissez emporter à ces desordres, en soient heureusement dé-
tournez. Toutesfois, pour dire la
verité, il vaudroit mieux que des
personnes qui ont vescu dans cette
impureté, fussent separées l'vne
d'auec l'autre; ie ne veux pas que
l'on m'en croye, mais que l'on en
croye sainct Basile : *La fornication,*
dit-il, n'est ny mariage, ny cōmencement
de mariage, c'est pourquoy il faut, s'il
est possible, que ceux qui sont conjoincts
par des liens d'impureté, soient separez,
c'est la meilleure resolution qu'on puisse
prendre; que s'ils ayment mieux acheuer

leur

S. Basile,
epist. 2. à
Amphilo-
chius.

leur vie ensemble, *qu'ils souffrent la*
peine que merite la fornication & la
desbauche: L'Eglise lance contr'eux
le foudre de l'excommunication,
c'est la plus seuere de toutes ses peines, pourquoy déniera-on en cette
occurrence à la loy politique l'exercice de sa seuerité, qui enfin y est si
necessaire ? En effect combien de
fois ces femmes malheureuses ont
elles remply les plus nobles familles
de calamité, de honte & d'infamie ? combien de fois y ont elles
fait vn pillage insolent & déplorable ? combien de fois y ont elles
ietté le trouble, en ont elles chassé
la concorde, banny l'honneur, &
renuersé toute la prosperité ? combien de fois ont elles corrompu le
sang genereux de tant de Heros;
ont elles infecté la race de tant de
grands hommes, comme vne cauë

X

sale & bourbeuse, qui se mesle parmy les cauës pures & claires d'vn
beau fleuue ? Y a - il chose au
monde plus insupportable que de
voir des femmes le plus souuét méprisables par leur naissance , & plus
méprisables encores par leurs mauuaises mœurs, & par les déreglemens
de leur vie, prendre tout d'vn coup
le nom & le rang de femmes d'honneur ; éleuer leurs enfans, qui ne
peuuent honnestement nommer
leurs peres, à la dignité d'enfans legitimes, & les rendre capables de
porter le titre des maisons illustres,
de succeder à la noblesse & à la gloire ancienne de tant de vertueux ancestres, de posseder les marques de
grandeur qu'ils ont laissées à leur
posterité , & de partager toutes
leurs richesses. Accordons toutesfois que ces femmes qui ont esté si

long-temps concubines soient tenuës pour femmes legitimes au tribunal de l'Eglise, que leurs enfans
soient aussi tenus pour legitimes,
pour paruenir aux dignitez Ecclesiastiques ; mais il n'appartient
qu'au Prince de legitimer, d'effacer le vice de la naissance, de changer l'estat des hommes, pour leur
donner la capacité de tenir des biens
temporels, de recueillir des successions , de receuoir des biens-faits,
de profiter de la disposition des
testamens, & d'exercer les charges
publiques : *Les loix du Prince*, dit
Synesius, *sont arbitres de l'ingenuité,
& de la consanguinité, la nature produict ses enfans & les ayme tous également, mais la loy distingue leurs conditions.* Nous n'auons pas pourtant le
cœur si dur & si barbare, que nous
voulions dénier à la mere & aux

enfans nés dans le débordement &
l'infamie, les choses necessaires
pour viure, & Optatus qui nous
fait ce reproche auec tant d'injustice, comme si nous abandonnions
ces pauures enfans, pour estre ex-
posez & liurez à la mort aussi-tost
qu'ils ont veu le iour, impose à son
ordinaire: Nous n'auons pas oublié la benignité des Canons, qui
veulent qu'on leur donne des ali-
mens, & qui ont moderé cette ancienne rigueur des loix Imperiales,
que la haine du crime paternel
auoit renduës impitoyables enuers
les fruicts malheureux d'vne con-
jonction detestable & condamnée.

 Lors qu'Optatus se void dépoüillé de toutes les forces qu'il
auoit preparées pour nous attaquer, lors qu'il voit ses mains foibles desarmées & hors de combat,
il se fait de nouuelles armes de sa

Cap. cum
haberet de
eo qui dux
in matrim.

colere, il s'escrie que presque toutes les paroles de la Declaration du
Roy blessent la liberté du mariage;
il rapporte le Decret du Concile de
Trente, qui prononce l'anatheme
contre toutes personnes, de quelque dignité, de quelque condition qu'elles soient, qui empeschent leurs subjets dans la liberté
de leurs mariages : Mais le bon
personnage ne s'auise pas que ce
Decret ne peut estendre son authorité sur l'Ordonnance Royale,
quand mesme elle empescheroit
cette liberté, comme il suppose
faussement : Car l'Empereur & les
Roys ayant esté nommez dans le
Decret, lors qu'il fust proposé au
Concile, depuis les Peres trouue-
rent bon de les en oster, & d'vser
seulement de termes generaux, qui
en choses odieuses ne comprennent

iamais les Roys & les Princes fou-
uerains ; quand on veut les comprendre dans vne Conftitution,
l'on a toufiours accouftumé de les
nommer expreffément, *L'Empereur,*
les Roys, les Princes, ou bien, *quelque*
perfonne que ce foit, encores qu'elle foit
éleuée à la dignité fupréme d'Empereur,
ou de Roy. Il y a bien plus, & nous
fouftenons que la Declaration du
Roy ne deftruict point la liberté
des mariages, telle que les Canons
& les loix l'ont prefcrite ; les Canons & les loix ne commandent
que les mariages legitimes ; quant
aux conjonctions deshonneftes, vi-
cieufes & criminelles, que tous les
hommes d'vn mefme efprit ont iugées dignes de leur haine, & ont
couuertes de pudeur, les Canons &
les loix les defendent. Eft-ce violenter les hommes que de les de-

Concil. de
TrenteSeff.
22. & Seff.
25. ch. 18.
des Duels.

stourner de ces malheurs? est-ce les
mettre en seruitude? est-ce leur imposer vne necessité? Il est donc vray
que toutes les loix violent la liberté, ou en retranchent quelque
chose: Cependant c'est vne proposition qui ne peut sortir de la bouche d'vn sage, car la liberté est cette faculté naturelle qui appartient
à chacun de faire tout ce que bon
luy semble, *sinon autant qu'il en est*
empesché par la violence, ou par le
droict public. Ainsi la liberté ne
donne pas le pouuoir de faire ce
que le droict public defend; au contraire c'est viure selon la vraye liberté, que de viure selon les loix;
ceux qui contreuiennent à leurs ordonnances, commettent autant de
crimes & d'attentats, & abusent insolemment de la liberté: D'auantage depuis qu'vne loy est publiée &

Aux Insti-
tutes, de iu-
re perso-
rum.

establie, il est libre de contracter
auec elle, d'euiter ou de faire les
choses qu'elle defend, & qui peuuent exciter sa seuerité, encores que
le Philosophe nomme ce contract
& cét acte, *Inuolontaire*, à cause de
la peine qu'elle ordonne, peine que
les hommes qui se laissent emporter au crime, ne laissent pas d'auoir
en horreur : Mais comme l'on dit
que personne ne peut pecher que
volontairement, ainsi c'est vn sentiment vniuersel, que personne ne
peut estre que volontairement soumis au chastiment de la loy, & que
personne ne peut aussi estre que volontairement corrigé par son authorité.

Enfin pour reuenir à ce qui touche de plus prés nostre sujet, ie dis
qu'à la verité la ieunesse peche souuent par les transports de la vo-

lupté , & le plus souuent par les mouuemens de l'auarice ; & que l'on sacrifie parmy nous dans les solemnitez des nopces, comme autresfois parmy les Grecs, à l'Amour & à la Fortune tout ensemble; mais il ne faut pas authoriser les brigandages du bien des familles , excuser les enleuemens des enfans, sous pretexte d'vne liberté déreglée , ou d'vne violente necessité. Car quand vn esprit ieune , estourdy, & inconsideré; quand vn homme transporté d'amour est destourné du dessein d'vn mariage qui luy seroit desaduantageux , & où il ne trouueroit que de la honte , est-il pour cela destourné de tous mariages ? Il y a tant d'autres occasions legitimes, seures, & illustres, tant de rencontres pour s'allier honnestement, & pour contracter sans au-

Himerius Sophiste, dans la Bibliotheque di Photius.

cune tache vne si saincte societé,
tant de moyens d'assembler dans le
mariage la volupté & l'opulence,
auec l'honneur & la vertu. Que si
quelques-vns ne rougissent point
d'auoüer qu'ils n'ont ny l'inclination, ny la volonté de tenir vne rou-
te si belle & si asseurée, qu'ils se plai-
gnent injustement tant qu'ils voudront qu'ils sont forcez par la crainte de la loy, pourueu qu'ils obeyssent : *La necessité qui contrainct de*
suiure le bien est vne heureuse necessité.
Pleust à Dieu que ie peusse reduire
Optatus à la necessité d'auoir des
sentimens plus iustes, & d'escrire
plus raisonnablement, ie n'estime-
rois pas mon estude & ma peine entierement friuole & inutile : mais ie
le trouue bien éloigné de l'amendement que ie luy souhaitte ; car on ne
peut deuiner ce qui agrée plus à son

S. August.
epist. 204.

esprit, ou de dire des badineries, ou
de faire des reprehensions ridicules.

Il vomit ses inuectiues contre
vn Officier de haute dignité dans
le Parlement, par qui il s'imagine
que la Declaration du Roy a esté
dressée, & le reprend de ce qu'il a
fait dire à sa Majesté, *que son dessein
est de sanctifier le Mariage.* Mais afin
de reconnoistre quel auantage il
veut tirer de cette obseruation, &
comment elle appuye la verité profonde qui occupe tous ses esprits,
examinons sa Theologie vaine &
legere, qui luy manque si souuent
au besoin, & dont il est si souuent
abandonné: *Ignorans qu'ils sont,* dit-
il, *de nostre doctrine, ils veulent sanctifier les Sacremens de l'Eglise.* Le Roy
tres-Chrestien a declaré par son
Ordonnance qu'il n'a rien en plus

grande recommandation que de
sanctifier le mariage, ce sont ses
propres termes, où ie ne voy point
de mal , ny de peril, si ce n'est
qu'on les destourne à vn autre sens
different de l'intention de sa Majesté, comme Optatus fait malicieu-
sement. Ie ne les explique pas comme quelques-vns ont creu qu'ils se
pouuoient entendre, à sçauoir que
le Mariage peut estre sanctifié par le
Roy, de la mesme sorte que les
Escritures sacrées disent que Dieu
est sanctifié, lors que les fideles par
la connoissance & la confession de
sa Diuinité, luy rendent les loüanges qui sont deuës à sa Sainćteté;
car en ce sens ce ne seroit que loüer
& honorer le Mariage comme vn
don excellent, precieux & diuin:
Mais le dessein & le souhait de nostre Monarque passe plus auant; il

veut qu'à l'auenir tous ses subjets
indiſtinctement celebrans leurs
mariages, y apportent vne ſaincteté parfaite, & il veut meſme y procurer cette ſaincteté, banniſſant par
l'authorité de ſon Ordonnance les
vices dont ceux qui receuoient le
Sacrement, en violoient la ceremonie par leur indignité. Certes ce
ſublime Theologien ne deuoit pas
ignorer qu'il y a double ſaincteté
au Sacrement, la ſaincteté d'inſti-
tution, où le droict humain ne peut
rien adjouſter ; la ſaincteté d'admi-
niſtration, qui conſiſte en l'acqui-
ſition de la grace que confere le
Sacrement ; il faut que l'ame ſe diſ-
poſe à receuoir cette grace, en ſe portant à la vertu, qui luy eſt premierement propoſée par les commandemens de Dieu, & en ſuitte par les
Canons & les loix humaines, com-

me par de secondes Tables, dont
l'authorité luy doit estre venerable:
C'est de cette façon que l'on peut
dire tres-legitimement que le Mariage est sanctifié, c'est à dire, que
le Mariage estant celebré auec innocence & pureté de cœur, il est
offert à Dieu comme vn vœu, &
appliqué aux hommes comme vn
remede. Ainsi il est dit dans les
Escritures sainctes, que les iours, les
ceremonies, les ieusnes, les prieres,
les sacrifices, les decimes, les offrandes sont sanctifiées, quand toutes
ces choses sont accompagnées d'integrité, de deuotion, de saincteté,
de zele, & de chasteté: d'où vient
que les saincts Peres de l'Eglise disent qu'en ce sens, *sanctifier c'est rendre absolument innocent & brillant de
toutes parts des lumieres d'vne saincteté
accomplie.* Adjousteray-je qu'en la

Theodoret
& S.Cyril-
le, sur le ch.
1. & 2. de
Ioel.

langue de Dieu quelquesfois sanctifier signifie commander d'estre
sainct, & que les Theologiens plus
doctes qu'Optatus prennent ainsi
ce passage; *Ie suis le Seigneur qui les*
sanctifie, c'est à dire, qui leur commande d'estre Saincts, explication
fort conuenable à nostre sujet, &
aux termes de la Declaration du
Roy, qui veut que le Mariage soit
sanctifié, c'est à dire qu'il soit celebré purement & sainctement, selon
les Commandemens de Dieu, & les
Constitutions de l'Eglise, & qui
pour cét effect a estably des peines
ciuiles contre ceux qui se marie-
ront sans garder la reuerence deuë
au Sacrement.

Dites-moy maintenant, Optatus, si vous auez eu sujet de faire
de si estranges reproches à la France, & de luy mettre deuant les yeux

Tostat sur
le ch. 22. du
Leuitique.

la reuolte de Coré, la temerité
d'Oza , le sacrilege d'Ozias ; si
estant François, Prestre, & Theologien comme vous estes , vous
auez eu dequoy, ie ne dis pas for-
ger de telles calomnies contre vne
personne innocente, & de condition commune ; mais prester l'oreille à des impostures si injurieuses à la gloire de vostre patrie, à
l'honneur de vos Prelats , quand
mesmes d'autres en seroient les
autheurs ? Hé pourquoy ne vous
ay-je point conneu auant que vous
eussiez commis vn attentat si criminel ? mais ie ne vous connois pas
encores, & toutesfois ie suis obligé de vous aymer sans vous connoistre.   S'il vous reste donc encores quelque souuenir, & quelque soin de vostre salut , ie vous
aduertis, & ie vous conjure, de
perdre

perdre la pensée que voftre ouurage foit vn trauail agreable à Dieu;
fi vous croyez auoir rendu feruice à
Iefus-Chrift, vous le croyez tout
feul, vous ne l'auez encores peu per-
fuader, & vous ne le perfuaderez iamais à perfonne: Ce grand feu qu'vn
zele déreglé a malheureufement
allumé, eft vn bucher qui deuore
l'Eftat & l'Eglife, voftre fidelité fu-
perftitieufe & indifcrete luy apporte
vn extréme dommage. En effect la
Religion n'eft iamais plus puiffam-
ment combatuë, que quand elle eft
attaquée fous le nom d'vne fauffe
pieté; car les vices qui tremblent
quand ils paroiffent tous feuls, prennent de l'audace & deuiennent furieux lors qu'ils font fortifiez de ce
fecours. Mais, ie vous prie, quelle
eft cette deuotion qui fe declare ennemie de la verité, qui a mis la foy en

Y

oübly, & qui n'a aucuns sentimens
de charité? Qui vous a tellement
aueuglé, que comme vn autre Alci-
mus, ou vn autre Simon, acusateur
de vos citoyens, denonciateur de
vostre patrie, vous ayez l'insolence
de prononcer ce mensonge que la
France a ouuert son sein à l'heresie,
au schisme, & à toute sorte d'impie-
tez, & qu'elle est mesme enceinte de
l'Antechrist? Vous estes, Optatus,
le premier, & le seul de tous les hommes qui a ietté cette ordure sur la face de la France; mais cherchez ailleurs la tribu de Dan, le Seminaire de
l'Antechrist, *la couleure dans le chemin,*
le serpent dans le sentier. Serpent à qui
vous estes fort semblable, par le venin de vostre haine & de vostre mé-
disance. Voila ce que i'auois à vous
escrire sur le sujet de vostre Liure; ie
n'ay esté porté à vous respondre que

Machabées,
liu. 2.

Optat. page
23.27. &
30.

Genes. 49.

par l'amour de la iustice & de la verité, *pour venger la patrie & la Reli-* Machab. 1.
gion, à qui par vne seule reuolte vous
auez fait vne infinité d'outrages.
Ne vous imaginez pas que i'aye pris
les armes le dernier en vne si sain-
ête guerre, vous aurez bien-tost sur
les bras d'autres vaillans Cham-
pions, qui viennent apres moy en
bon equipage, & qui peuuent vous
accabler de leurs seuls boucliers,
comme fust cette Vierge si insigne
par la trahisó qu'elle fist à son pays.
Auant ce coup fatal qui doit vous
destruire sans resource, ie veus
adresser à vous, & à tous ces malheureux Escriuains qui vous ont
deuancez, ces infideles donneurs
d'auis, ces Cassies, ces Armacans, &
tant d'autres calomniateurs qui ont
offensé la France de leurs medisances, les paroles qu'Ennodius Eues-

que de Pauie adreſſe aux ennemis de
l'Egliſe Romaine : *Vous qui vous
couurez du manteau d'vne fauſſe Religion, & qui eſtes ſortis tout d'vn coup du
fonds de vos cauernes, retournez à vos
tenebres, rentrez dans cette obſcurité qui
vous eſt ſi agreable, laiſſez nous la lumiere de ce bel Aſtre qui nous éclaire
tous les iours, & rendez la paix à l'Egliſe, ou par voſtre abſence, ou par voſtre
amendement.*

que de Pauie adresse aux ennemis de
l'Eglise Romaine : *Vous qui vous
couurez du manteau d'vne fausse Religion, & qui estes sortis tout d'vn coup du
fonds de vos cauernes, retournez à vos
tenebres, rentrez dans cette obscurité qui
vous est si agreable, laissez nous la lumiere de ce bel Astre qui nous éclaire
tous les iours, & rendez la paix à l'Eglise, ou par vostre absence, ou par vostre
amendement.*

9 782329 230177